Sociology of Information, Media and Education:
Cultural Studies Perspectives

情報・メディア・教育の社会学
カルチュラル・スタディーズしてみませんか？

井口 博充

東信堂

情報・メディア・教育の社会学──カルチュラル・スタディーズしてみませんか？／目次

第1章　情報とメディアの社会学　　3
　──理論と方法──
1. イントロダクション──情報とコミュニケーション研究の枠組み　　3
    - 1.1. 情報とメディアの社会学とは？　4
    - 1.2. 情報と社会的場面　5
2. コミュニケーション研究の基本的な理論と概念　　7
    - 2.1. 「プロセス」としての情報伝達　7
    - 2.2. テクスト　11
    - 2.3. 記号 としての情報　13
3. 情報の社会学的研究方法　　16
    - 3.1. 知ることと調査すること　17
4. 量的調査と質的調査　　18
    - 4.1. 二つの方法の特徴　18
    - 4.2. 量的調査法の基本的な考え方　20
    - 4.3. 量的調査法の問題点　22
    - 4.4. 質的調査法の基本的な考え方　23
        - ■エスノグラフィー（民族誌的方法）　24
        - ■観察と参与観察　24
        - ■構造化されたインタビューと構造化されていないインタビュー　25
    - 4.5. 質的調査法の問題点　27
        - ボキャブラリー　29／課題　29／文献　29

第2章　テクスト分析　　31
　──中学校教科書の民族観を考える──
1. 教科書のテクスト分析のための理論　　31
    - 1.1. 教科書というテクスト　31
    - 1.2. イデオロギー（Ideology）　35
    - 1.3. ヘゲモニー（Hegemony）　37

ii　目次

2. コンテント・アナリシス (Content Analysis)······39
　2.1. コンテント・アナリシスという方法　39
　2.2. 韓国・朝鮮への言及頻度　41
　2.3. テクスト間関係 (intertextuality) の分析　44
　2.4. 高校日本史・世界史教科書における韓国・朝鮮　45
　2.5. 他教科教科書における韓国・朝鮮　47
3. 記号論 (Semiotics) 的分析······50
　3.1. 言語とイデオロギー　50
　3.2. 使役的表現の用法　52
4. 結論——イデオロギーと支配の再生産······54

　　　ボキャブラリー　57／課題　57／文献　58

第3章　社会的言説の分析······59
　——合衆国中学生の日本に関する言説の調査から——

1. 言説 (discourse) とは······59
2. 合衆国中学生の日本に関する言説の研究······61
　　U.S. Middle School Students' Discourses on Japan
　　■研究の動機　61
　　■調査の概要　62
　2.1. 理論枠組みとしての「言説」　65
　2.2. 他者化 (Othering)　67
　2.3. 合衆国中学生の語る「日本」と他者化言説　70
3. 言説分析 (Discourse Analysis) の方法······73
4. 戦争言説 (The War Discourses)······76
　4.1. 二項対立 (binary opposition)　76
　4.2. 「パール・ハーバー」言説 (The Pearl Harbor discourse)　77
　4.3. 「ヒロシマ」言説 (The Hiroshima discourse)　82
5. まとめ······85

　　　ボキャブラリー　86／課題　86／文献　86

第4章　コミュニティとメディアの役割 ……87
　──地域の平和運動とマスコミ──
1. 平和のためのランタン ……87
2. テレビ報道 ……89
3. 新聞報道 ……91
4. 「平和のためのランタン」に対する反論 ……94
5. 平和運動側の再反論 ……96
6. 論争とメディアの役割 ……98

　　　ボキャブラリー　99／課題　100／文献　100

第5章　オルタナティブ・メディアとしての　　　　　コミュニティ・ラジオ ……101
1. WORT：コミュニティ・ラジオの事例研究 ……102
2. オルタナティブ・メディアとは ……103
3. WORTの歴史 ……104
4. WORTの経営 ……105
5. 特色ある番組づくり ……107
6. オルタナティブ・メディアの可能性 ……112

　　　ボキャブラリー　115／課題　115／文献　115

第6章　幼児番組と商業主義 ……117
　──『テレタビーズ』をめぐって──
1. 『テレタビーズ』(Teletubbies)とは ……117
2. 『テレタビーズ』は有害か？ ……120
3. 『テレタビーズ』におけるジェンダーとセクシュアリティ ……122
4. 『テレタビーズ』における「幼児」 ……126

　　　ボキャブラリー　128／課題　128／文献　128

第7章　子どもの政治参加とメディア・リテラシー……131
1. 『子ども投票98』の概要……131
2. 州知事候補に対するインタビュー……133
3. 子どもによる選挙広告の分析……137
4. 『子ども投票98』の示唆するもの……141
　　　ボキャブラリー　144／文献　144

第8章　カルチュラル・スタディーズの展開……145
1. イギリスにおける文化研究の流れ……146
　　　リチャード・ホガート (Richard Hoggart)　147
　　　レイモンド・ウィリアムス (Raymond Williams)　149
2. イギリス以外のカルチュラル・スタディーズの伝統……153
　　　テオドール・W・アドルノ (Theodor W. Adorno)　154
　　　ロラン・バルト (Roland Barthes)　157
3. スチュアート・ホールとバーミンガム現代文化研究所……160
　　　スチュアート・ホール (Stuart Hall)　160
4. フランスの潮流……165
　　　ミシェル・フーコー (Michel Foucault)　165
　　　ピエール・ブルデュー (Pierre Bourdieu)　168
5. 大西洋を渡った文化研究……171
　　　ジョン・フィスク (John Fiske)　172
　　　　文献　174

人名索引……175

　　　　　　　　　　　　　イラスト：吉波輝二
　　　　　　　　　　　　　写真(172頁)：Eric Tadsen

情報・メディア・教育の社会学
―――カルチュラル・スタディーズしてみませんか？―――

第1章　情報とメディアの社会学
――理論と方法――

1. イントロダクション――情報とコミュニケーション研究の枠組み

　私たちは、情報化社会と言うと何を連想するだろうか。新聞やテレビを通して様々な情報が常にいきかう社会のことだろうか。近年はインターネットが盛んなので、情報化社会とは、インターネットを始めとするコンピューターを使って、情報や知識を生産し伝達する社会のことだ、と考える人も多いかもしれない。確かに、コンピューターやインターネットは、私たちの生活に大きな変化をもたらしつつあるように見える。

　しかし、テクノロジーの進歩による社会の変化は、人類の歴史のなかで、必ずしも初めてのことではない。例えば、15世紀のヨーロッパにおける活版印刷の普及は、非常に大きな社会的変化をもたらしたと考えられている。それまで、読み書きは、僧侶や学者、官吏などの、比較的少数の限られた人々のみが身に付けた技術であったのが、活版印刷の普及によって、広く大衆にいきわたるものとなった。このような変化により、権威ある知識は、「社会のエリートの言葉」から、「一般に印刷されたもの」であるとみなされるようになり、また、同時に、「正しい」話し言葉がどのようであるべきかも決められるようになった。

　さらに、文化の生みだす人々と文化を享受する人々の間の関係も大きく変化した。例えば、お話の「作者」という点についていえば、以前の口承文化のなかでは、誰でも比較的簡単に「語り部」のような存在になれたのが、印刷というプロセスを経なくてはいけないという状況のなかでは、ある特定の選ばれた人たちのみが、「お話」の作者になるという傾向に拍車をかけた。また、印刷物の生産は、同時期に発展し始めた資本主義の流れにのり、さらに、様々

な社会的分化を招くことになった。（詳しくは Lury 1992 を参照）

　以上のようなテクノロジーの普及に伴う社会の変化は活版印刷の普及のみにとどまらない。19 世紀の末以来、我々は、電信、電話、ラジオ、テレビという、当時としては「新しかった」情報のメディア機器の普及を経験してきている。しかしながら、人間が文化的にコミュニケーションする存在であるということには変化はないという点に注意しておく必要があるだろう。つまり、一方で、変化していくテクノロジーがあり、もう一方で、人と人の文化的コミュニケーションという、いわば人類の歴史の始まりから存在する行為がある。コミュニケーションという概念は、情報化社会を読み解くキー・ワードであるといえるだろう。本章では、長い歴史をもつコミュニケーションという行為を、どのように理解し研究するかについて述べることにしたい。

　ではまず、簡単に、情報とメディアの社会学とは何かについて説明してみよう。

1.1. 情報とメディアの社会学とは？

　本書では、広範な情報の問題に、社会学、特に、コミュニケーション研究（カルチュラル・スタディーズ）の立場からアプローチしたいと考えている。例えば、情報の生み出される社会的条件、情報の流通するメカニズム、情報がどのように社会的に読まれるのか、またどのような情報がどのような社会集団により手に入りやすいのか、さらに情報が権力をもつ集団にどのように使われているのかなどの問題を考えていきたい。

　現在、メディアの技術的な進歩には目覚しいものがあるが、それは、情報を交換する人々の基本的な関係、つまりコミュニケーションの基本的な枠組みをどのように変えているのだろうか。この問題を解くためには、そもそも、コミュニケーションの基本的な枠組みとは何かを考えてみる必要があるだろう。ある個人が良いアイディアを思い付いたとしても、それが他者に伝えられなければ社会的な意味をもたない。そういう意味で、知識と情報、さらにそれに伴うコミュニケーションについて基本的なところに立ち返って、その

社会的意味を考え直してみる必要がある。

　また、本書では情報をうのみにするのではなく、批判的に読むにはどうしたらよいのか、についても考えていきたい。ここでは、「批判的」という言葉が重要であろう。この言葉は、英語では、「クリティカル」（critical）と表現するが、クリティカルな思考や態度を養うことは、現代社会を生きていくための必要条件で、欧米でメディア研究や教育に従事している人々の間では、最も重要な課題の一つと認識されている。

　日本では、どちらかというと、研究や教育で批判精神を養うことを避ける傾向が強いが、コミュニケーションは、批判ぬきには成り立たない。相手のお話を拝聴しているだけでは、コミュニケーションではなく、コミュニケーションの欠落である。また、逆に、ただ相手の欠点をあげつらうだけなのも、コミュニケーションではなく、コミュニケーションの欠落だろう。私たちは、批判力を養うとともに、どのように相手と議論するのかという点（批判方法）も学ぶ必要があるのではなかろうか。

　さて、コミュニケーションを社会学的に考える際には、具体的な社会的場面について考えることが重要である。まず、この点について述べることから始めよう。

1.2. 情報と社会的場面

　社会的場面とは、私たちがこの社会で生きていくなかで、経験するいろいろな場面のことである。私たちは、様々な社会集団に属して、異なるメディアを通じて、情報を受け渡しし、知識を手にいれる。それぞれの社会的場面によって、異なった種類の情報に接するわけである。また、私たちが情報に対してとるアプローチも異なる場合が多い。したがって、情報研究では、それぞれの社会的場面によって、異なった問題を考えてみる必要がある。いくつか例をあげてみよう。

親と子ども——子どもは、知らずしらずのうちに、親から何を学んでいるのだろ

うか。乳幼児期に、子どもが受け取る情報は、技術的なものばかりでなく、価値や規範も多く含んでいる。子どもの育つ環境、社会階層、人種・民族、また、子どもの性別・ジェンダーによって子どもに与えられる情報は異なっている。人間が、幼児期に、主に家族との対面的コミュニケーションを通じて得る、情報や基本的な価値や規範といったものを研究するのは、情報研究の課題の一つである。

学校と子ども——人々は、成長するにしたがって、次第にそのコミュニケーションの範囲は地域社会へと広がっていく。やがて、様々な社会組織に所属し、社会的場面を経験するようになる。なかでも学校は、若い世代に情報を伝達することをその主要な目的としている。学校で得る情報を、我々は普通「知識」と呼ぶ。教師の話を聴き、教科書や本を読み、知識を身に付ける。さらに、友だちと話すことによって情報を得る。これも、ある意味では、知識を身に付けると言うことなのである。子どもが、学校で学ぶことになっている知識とは、誰によって選ばれ、誰によって認められた情報なのだろうか。それは、社会的にはどのような意味をもった情報なのだろうか。

新聞を読む人——人々は、テレビや新聞・雑誌、などのマス・メディアさらに最近ではインターネットなどを通じて情報を交換する。それらの個々のメディアはそれぞれ異なった特徴をもっている。世界では毎日、様々な社会的事件が起こっている。しかし、全てが報道されるわけではない。新聞のニュースは、どのように選ばれ、ニュースとなっていくのだろうか。ある事実を報道する際に、新聞社によって、あるいは個々の記者によって、その取り扱い方は異なるのだろうか。「事実」とは何なのだろうか。

テレビを見る家族——テレビ番組は、どのように作られ、どんな社会的価値観を伝えているのだろうか。また、視聴者は、そのような番組にどのような意味を見いだしているのだろうか。テレビのニュースと新聞のニュースには、どのような違いがあるのだろうか。人々は、よく、テレビ画像は現実をありのままに写すと考えがちだが、カメラは、本当に、出来事を、ありのままに伝えるのだろうか。

コンピューターでインターネット——このごろは、インターネットで情報を得る人が増えている。インターネットで恋人に出会う人もいる。では、インターネット上の情報は、どのように集められ整理されているのだろうか。本当に、インターネットは、全ての人に平等に情報を提供するのだろうか。インターネットの情報にはどのような利点があり、どのような危険性があるのだろうか。

役所で広報を見る人——政府機関も一つの情報を得る場である。政府機関が提供する情報とはどのような性格のものだろうか。人々は、それをどのように利用するのだろうか。政府機関が人々の情報収集に果たす役割とは、どのようなものであるべきなのだろうか。

美術館で絵を見る人——図書館や美術館のような社会教育機関でも人々は情報を得る。絵画や写真、美術品も鑑賞する人々にある種の情報や知識を与えているといえるだろう。「鑑賞する」に値するものとはどのような種類の情報と言えるのだろうか。それは、どのように社会的に選ばれたものなのだろうか。

スーパーの安売り、チラシ、買い物客——広告からも私たちは、多くの情報を得ている。広告はどのようなメカニズムで成り立っているのだろうか。私たちが、広告を読む時、どのような読み方をするのだろうか。広告を作る人たちは、どのようなことをねらって、どのような工夫をこらすのだろうか。

　以上のように、人々は社会的場面の中で情報に接している。次節では、このような情報との関わりをコミュニケーションとして考えるにあたっての、基礎となるような理論枠組を、主にコミュニケーション研究者ジョン・フィスク（John Fiske）の見解にもとづいて紹介してみよう。

2. コミュニケーション研究の基本的な理論と概念

2.1. 「プロセス」としての情報伝達

　コミュニケーション研究で、最も一般的に普及している考え方の一つは、

情報伝達をプロセス（process）として考えるものである。プロセスとは日本語に翻訳すれば、「過程」であるが、ここでは、プロセスという言葉は日本でも普及しているので、そのままプロセスという言葉を用いることにしよう。

情報伝達をプロセスと考える見方は、1950年代以来、合衆国を中心に広がったもので、コミュニケーションを「メッセージの伝達」とみなす考え方のなかにみられる。このような理論枠組みを用いる人たちを簡単にプロセス学派と呼ぶ。プロセス学派の特徴は、コミュニケーションをある人間が、他の人間に情報を伝えるプロセスだとみなす点である。例えば、電話での会話を考えてみよう。

電話で話す人たち——片方に、電話をかける人がいて、もう一方に電話をかけられる人がいる。2人の間に会話がかわされる。この場合の、電話をかける人を情報の「送り手」と呼ぶ。かけられる人を情報の「受け手」と呼ぶ。そして、かわされる会話を「メッセージ」と考える。この2人の間にあるのは、電話という伝達手段である。

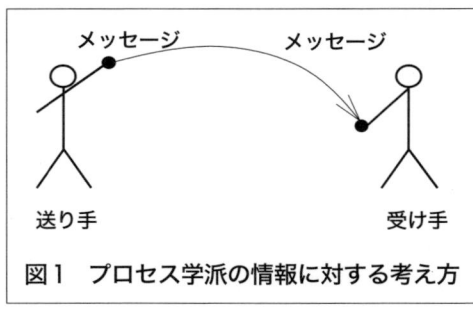

図1 プロセス学派の情報に対する考え方

つまり、プロセス学派は、ある人間を情報の「送り手」、他の人間を情報の「受け手」ととらえ、情報は「メッセージ」と考える。「送り手」は「受け手」にいわば「メッセージ」というボールを投げるのである。これを、簡単に図に表したものが**図1**である。

プロセス学派は、送り手がどのようにしたら、より効率的で、正確にメッセージを伝えることができるのかという点を重要視する。つまり、コミュニケーションをある人間が他の人間の行動や心的状態に影響を与える過程として考える。プロセス学派の考え方は、主に心理学や社会学などの社会科学の中で発

2. コミュニケーション研究の基本的な理論と概念　9

展してきたもので、その考察の対象となるのはコミュニケーションに伴う行為や形態、つまり「どのように」であり、メッセージの内容「何が」ではない。

　プロセス学派は、メッセージがコミュニケーション過程によって伝達されるものだと考える。ここでは、送り手の意図が、メッセージを確立する上で決定的な要因だとみなされることになる。メッセージとは送り手が決定するもので、いったん決まれば、変わらないものなのである。つまり、メッセージは送り手から受け手に投げられたボールのようなものだと考えることができる。もちろん、送り手はボールの代わりに、おもちゃのバケツを投げてもよいわけだが、その際にも、ボールはボール、おもちゃのバケツはおもちゃのバケツで変わらない。そして、メッセージが正確に伝わらない場合は、プロセス学派では、ノイズが入ったとか、妨害が入ったとか、つまりコミュニケーションの過程が何らかの理由で妨げられたと説明する。先の電話の例で考えてみよう。

　電話で話す人たち——「えっ、何？」よく聞こえないのだけれど……、というように、外で大きな音がしていたり、接続が悪くて、雑音が入ると電話でのコミュニケーションは難しくなる。雑音という問題が解決されれば、コミュニケーションがうまくいくことになる。このような経験を説明するのに、プロセス学派の理論枠組みは簡単で、便利である。

　しかし、本当に、私たちが日常経験するコミュニケーションの失敗は、「雑音」という概念のみで説明できるのだろうか。ここで、送り手と受け手のあいだで「メッセージは変わらない」という考え方を、検討してみる必要があるだろう。例えば、私たちがよく「誤解」と称する場合は、本当に、「雑

音」が問題なのだろうか。いくつか面白い「誤解」の例をみてみよう。この二つの例は、『通販生活』(No. 197, 2000年2月)という雑誌の「アハハの手記」からとったものである。

> 小さいころ、「真珠湾」はカタカナではないので、日本にある地名だと思っていた。でも、どうして日本軍が自国の港を攻撃したのかさっぱり理解できずに、ずっと「太平洋戦争最大の謎」と頭をかかえていた。

> テレビ番組の『料理の鉄人』を見るたびに、よく画面に出てくる"R"の文字を「R指定」のことだと思い込んでいた。ブランデーに火を着けてフランベしたり、大きな中華包丁を振りかざしたりするのは危険なので、中学生以下は保護者と一緒にテレビを見なければいけないものと解釈していた。「日本もアメリカに習ってR指定制度を取り入れたのだな」と感心していたのだけど、あの"R"は「リプレイ」の略だったんですね。

どちらの例も、微笑ましい「誤解」で、読者の皆さんもこのような体験を2、3はおもちかもしれない。どちらの例も、送り手、つまり「真珠湾」［爆撃］と書いた著者、"R"サインを画面の片隅に出したテレビ番組制作者の意図に合わない解釈ではあるが、受け手にとっては可能な解釈枠組み、つまり外国の地名はカタカナ、"R"サインは「R指定」という枠組みを使ったある意味で妥当な解釈に当てはまっているといえる。

つまり、誤解は、必ずしもメッセージがうまく運ばれなかったことによって生じるというわけではない。情報の受け手は、メッセージは受けとった上で、誤解しているのである。例えば、先ほどのボールの例では、人によって、いいものをもらったと喜ぶ人もいれば、何かを投げつけられたと怒る人もいるかもしれない。おもちゃのバケツだったら、それがいったい何なのか分からない人もいるのではなかろうか。つまり、メッセージは変わらないと考える、プロセス学派の見方では、受け手によってメッセージの意味が解釈されるという可能性、つまり、メッセージの意味は受け取る人によって変化するものであるという点を見過ごしてしまうことになるわけなのである。実は、メッセージとは、人々が「読む」テクストなのである。

それでは、次に、この「テクスト」という重要な概念を説明しよう。

2.2. テクスト

プロセス学派が受け手による解釈を見過ごしてしまうのは、メッセージをボールのように不変なものだと考えているからである。実際には、メッセージは意味を伴うものなので、受け手によって、必ずしも送り手の意図するようには解釈されない。多くの場合、送り手から受け手に送られるメッセージは、テクストによって媒介されている。テクストとは、物理的な存在のあるもののことであり、普通何らかの表現システムを使って書かれている。

表現システムの代表的なものは、言語である。したがって、コミュニケーション研究では、言語の分析は非常に重要である。しかし、言語のみが表現システムの主役というわけではない。人々は、日々、文字情報だけではなく、様々なものを読んでいる。例えば、スーパー・マーケットには今日の特売のチラシが、貼ってある。スーパー・マーケットに買い物にくる人々は、そのチラシから今日は何が安いかという情報を得ている。このようなチラシもテクストだといえる。テクストは多種多様なものなのである。手紙はもちろん、本や写真、さらにテレビ番組やスピーチ、服装、料理、音楽もテクストだといえる。画像や写真もテクストである。例えば、この写真を読んでみよう。

この写真に写っている人々が、どこにいくところか、あるいはどこから帰ってきたところなのかは、日本の外で生まれ育った人は推測できないかもしれないが、私たちは推測することができるだろう。推測するという行為は読むという行為の一つである。おそらくは結婚式だろう。私たちは、この写真に写っている人たちの服装

を見て、礼服だから結婚式だろうと推測している。ここでは、私たちは彼らの服装をテクストとして読んでいるといえる。この他にも、建築物、地図などもテクストと考えることができる。

　ここで、重要なことは、テクストの意味は、コンテクスト（context）によって変わるということである。コンテクストを「文脈」と呼ぶこともある。個々のテクストが、個人によってつくられるとしても、その意味は、それが作られた背景やそれが使われる状況とは切り離せない。また、テクストを受け取った側がそれを解釈する場合にも文脈や、受け手の置かれた状況を前提としている。一つのテクストの上にコンテクストが重なっていくことにより、意味は複雑になったり、多義的になったり、矛盾を含むものになったりするのである。例えば、次の3枚の写真の意味を考察してみよう。

まず、1枚目を見てみよう。何かよくわからないが、真ん中に絵のようなものがあり「War」という文字が書いてあるのがわかる。「何だろう」と思うことになる。何かモノだということは分かり、手が出ているので、それが手作りされたもののように見える。実は、これは手作りの紙でできた灯ろうなのだが、そこまで読みとれる人は、ある種の経験のある人だろう。

さらに、2枚目を見ると、水際でこの灯ろうを流している男の子が分かる。もちろん、人によっては、もっと詳しいことが分かることもある。例えば、この子の近所に住む人は、この子の名前をあげることができるかも知れない。以上のように、意味とは、テクストとして表されたものを、人々が自分のもつテクストと照らし合わせながら生み出すものといえる。

さて、一つの写真も新聞記事になると、さらにいろいろな情報が付け加えられることになる。実は、この灯ろう写真は、合衆国ウィスコンシン州のマジソンという街で、核兵器使用に反対する進歩的な人々によって行われている、8月6日の原爆被害者慰霊祈念行事のひとこまなのである。最初の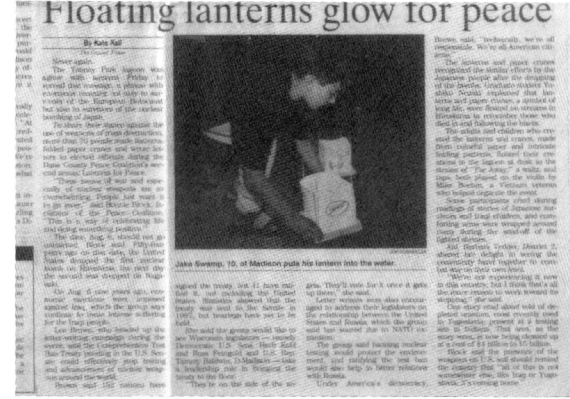
写真（テクスト）の意味は、それがおかれる大きな文脈の中で作り出されると言える。また、文脈に関する情報が増えると、あるテクストから異なった意味を見いだすことも可能になる。このようにテクストの意味は、それが位置付けられるコンテクストとの関係の中で成り立っていると言える。

さて、以上のように、情報はメッセージ、メッセージは解釈されるものと考えてみると、テクストと意味との関係を考える研究が重要になってくる。そのような学問分野は「記号学」あるいはセミオティックス（semiotics）と呼ばれている。

近年のコミュニケーション研究では、この記号学的なアプローチをとるものが増えてきている。その大きな理由としては、コミュニケーションを通して、人間は単にメッセージを交換するというよりは、メッセージの中身の意味を交換するものだからである。意味のないメッセージは存在しない。記号学とは、そのような「意味」を研究する科学なのである。以下では、記号学について、その基本的な考え方を説明しよう。

2.3. 記号としての情報

まず、記号とはサイン（sign）のことである。サインとテクストの関係を簡単に述べておこう。

言語の場合、複数のサインは、文章を作り、段落を作る。サインが、ある程度のまとまりとなったものを、テクストと呼ぶ。先に説明した、テクストのことである。つまり、テクストは、実は、記号がたくさん集まったものだといえる。テクストの大きさはいろいろである。どれぐらい大きければ、テクストかということが問題なのではなく、記号がある程度集まったものなのだ、という点が重要である。つまり、テクストは記号（の塊）として分析できるのである。

コミュニケーションを意味の生産と交換とみなして研究する人々を記号学派と呼ぶ。この学派は、研究の方法として記号論を広く用いる。記号学派にとっては、メッセージとは、様々なサインからなるもの、書かれ、読まれるものなのである。これも、簡単な図で表してみよう。

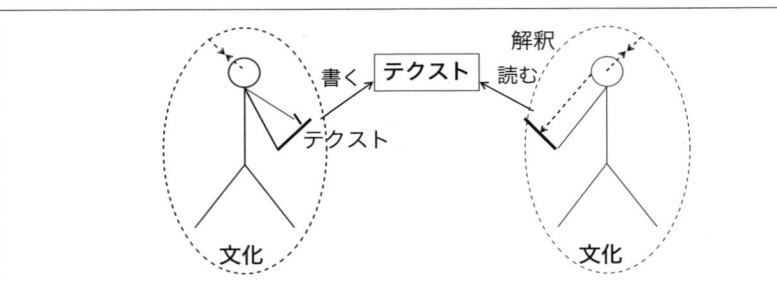

図2　記号学派の情報に対する考え方

コミュニケーションには、情報の送り手と受け手がいる。サインは情報の送り手によって生みだされる。送り手はある文化に属しており、その文化の中で可能な表現システムを用いて、サイン、あるいはテクストを作り出すというのが書くという行為である。そしてそれを送信する。受け手の方は、受け手の方で、ある文化に属しており、そのテクストを受け取り、読む。そこでまた、意味が新たに生み出される。情報の送り手と受け手は、普通複数の文化に属している場合が多く、必ずしも、全く同じ文化的経験をもっているとは限らない。

記号学派は、メッセージやテクストがどのように人々と関わって意味が生み出されるのか、つまり、私たちの文化のなかでのテクストの役割に注

目する。この見方では、先に述べた「誤解」という現象は、必ずしもコミュニケーションの失敗ではなく、情報の送り手と受け手の、文化の違い、状況の違い、視点の違いなどによるものと考えられる。したがって、「誤解する」という現象は、コミュニケーションにおいて、恒常的に起こるものなのだといえる。

記号学派で、考察の対象となるのは、テクストと文化の関係である。記号学派は、主に言語学や文学・芸術諸学の考え方を応用し、コミュニケーションにおける意味の働き、意味が生まれる現象について考察する傾向が強い。テクストがいかに読まれるのかということである。そして、読むことは意味を生み出す過程であり、読み手がテクストと関わり、テクストを吟味することによって、意味が生じると考えられる。つまり、意味とは、すでに存在しているものではなく、読み手が自分の文化的な経験にもとづいて、テクストを形作っているサインや、サインの組み合わされ方から、積極的に意味を作り出すことによって生まれるものなのである。

また、意味が生まれるためには、一つの文化システムにおいて、サインが普通何を意味するのかということについて、共通理解があることが必要である。逆にいうと、異なった社会的経験や異なった文化をもつ読み手は、同じテクストに異なった意味を見いだすかもしれないということである。つまり、サインの意味を研究することは、文化とそのシステムを研究することなのである。文化的な共通理解とは必ずしも、完璧な意見の一致といったものである必要はない。「学校」というサインの意味は、人によって、楽しいものであったり、いやなものであったりするわけだが、「学校」には先生がいて生徒がいてといったような点については、おおよそのイメージの一致を見ることができるだろう。

以上のように、記号学派は、コミュニケーション研究において、テクストの意味に注目した点において、高く評価される。しかし、テクストだけに注目していると、コミュニケーション研究は、文芸批評に限りなく近づいていく。そのような研究も重要であるが、社会学的には、個々のテクストが歴史

的でかつ社会的なものなのだという点を忘れるわけにはいかない。記号学の考え方を取り入れつつ、社会学の視点を生かした情報研究を行うことが重要であろう。

3. 情報の社会学的研究方法

　以下では、情報の社会学的研究方法について述べていきたい。言い換えれば、それは情報について知るための方法という問題だということができる。対象が何であるかは別にして、対象を研究をするためには、まず調べてみることが重要である。その場合、どのような方法を用いて調べていくのかが問題となる。

　日常生活のなかで、調べてみたいと思うことは、誰でもたくさんある。例えば、筆者の大学の1年生で演習に参加している学生も街に出て、簡単な調査をした。若者の多い駅前広場で、街頭インタビューをして、好きなテレビ番組やラジオ視聴について尋ねたのである。質問もよく練れておらず、年齢や性別を尋ねることを忘れるなど未熟な点も目立ったが、街の人込みのなかに出て、見ず知らずの人に意見を聞いてくるというのは、とても勇気がいることだといえる。学生たちは、まだ大学に入って日が浅く、社会調査についてほとんど習ったわけではなかった。それでも、質問項目を立てて街に出て、人々にインタビューしてみるというのは、社会調査の一つの方法である。

　社会調査とは、何も特別なことではなくて、私たちの日常的な好奇心を満足するという欲求と深く結びついている。まず、第一歩としてはそれで十分であろう。しかし、社会学、あるいは情報学という学問として、知識を生み出していくためには、より科学的で組織的な調査を心掛ける必要がある。もちろん、「科学的」とはどういうことかそれ自体を問い直すことは重要であるが、ここではとりあえずその問題は置いておきたい。まずは、科学的で組織的な社会学的調査にはどのようなものがあって、それはどのようにして行

われるべきかについて、述べておこう。

3.1. 知ることと調査すること

　もし、あなたが、何かについて知りたいと思ったらどうするだろうか？まず、最も一般的なことは、誰かに尋ねるということではないだろうか。しかし、当事者たちがする説明が、その事象の全てを物語るとは限らない。例えば、身近な例として、交通事故というケースを考えてみよう。車をぶつけた方とぶつけられた方、双方の言い分があるはずだが、なかなか言い分が一致しない場合も少なくない。少なくとも一方の言い分だけから事実を認定することは、難しい。それなら、第三者に聞けばいい、という人もいるであろうが、今度は誰が公平な第三者なのか決めるのが難しい。はたまた、そういう人たち全部に聞いたとしても、その事故は、当事者たちが気がつかない理由で起こった可能性も否定できない。車の事故の場合はともかくとして、社会学の対象は、社会的な現象なので、事態はいっそう複雑だといえる。

　社会学では、エミール・デュルケム（Emile Durkheim）というフランスの社会学者の自殺の研究が、社会学の古典的研究例としてよく知られている。この場合、自殺した人に、「なぜ自殺したのですか」と聞くわけにはいかないし、仮に運良く助かった人に聞いたとしても、それだけでは不十分である。同じような悩みをもっていても、当然自殺という道を選ばない人もいる。自殺は、社会的現象なので、その人の主観的な説明だけからは、説明できないからだ。

　デュルケムは、社会のあり方と自殺率を関連づけ、「ある集団のなかで、個人主義の傾向が強い場合には、その集団の自殺率は高くなる」という理論命題を提起した。個人主義的傾向とは、ある状況において、人々の活動がきっちりときまりによって定められ統制されているのではなくて、自分自身のモラルによってどうするか決めるということである。デュルケムは、様々な社会的要求や制約が少なくなれば、人がより自殺しやすくなると考

えたのである。

　デュルケムの理論を確かめるためには、いろいろ具体的に測れるような「フランスのプロテスタントは、フランスのカトリックより自殺率が高いか」とか「ドイツのプロテスタントの多い地方では、カトリックの多い地方より自殺率が高いか」とか、「フランスの結婚している男の方が独身の男より自殺率が低いか、子どもがいる場合はさらに低いか」などを確かめて、当てはまるようなら、この理論命題はより確からしくなっていくことになる（詳しくは、宮島 1979 を参照）。

　このようなデュルケムの考え方は、社会学的調査の基礎となっている。もちろん、現代の全ての社会学的研究が、必ずしもデュルケムの方法をそのまま採用しているというわけではないが、多くの社会学的研究が、社会のなかでのある種の関係性（デュルケムの場合、個人主義と自殺の関係）を考察の対象においているということができる。また、当事者が主観的にする説明、自殺者自身による、なぜ自殺をしたのかという説明をそのまま受け取るのではなく、その人のおかれた社会的文脈、つまり、自殺の例で言えば、自殺者の属する社会集団とその価値志向を分析の対象にするということは、他の多くの社会学的研究にも共通して当てはまる。

　では、次に、社会学の調査を、統計的手法を主に用いて説明する量的調査と、言語による意味説明を重要視する質的調査の二つに大きく分けて説明したい。

4. 量的調査と質的調査
4.1. 二つの方法の特徴

　社会学の調査には、大きく言って、二つの流れがある。一つは、量的調査、あるいは計量的調査と呼ばれるもので、基本的に統計的な手法を主に用いて社会現象を説明するものである。もう一つは、社会現象の意味を重要視する、質的調査と呼ばれるもので、記録やインタビューの分析が中心になる場合も少なくない。どちらの調査の方法にも、それぞれのなかで様々なやりかたが

ある。英語では、量的調査を Quantitive Research、質的調査を Qualitative Research と呼んでいる。

　量的調査と質的調査で、どちらが優れているとは、一概にはいえない。量的方法は、二つ以上の社会的事象の関係が、数の大小で表されやすい場合、変数化しやすい場合、例えば、学歴と収入の関係などには、とてもうまく働く。つまり、このような関係は、統計的に「確からしさ」、つまり、この二つの事象の関係の強さを表すことが、比較的簡単なのである。

　逆に、質的調査の方がよいと考えられるのは、文化について考える場合である。例えば、ある生徒が登校拒否していく過程などは、実際、登校拒否していく生徒がどのような状況にあって、学校がその生徒をどのように見なしているのか、その生徒と付き合っている人々がどのように考えているのか、その生徒自身の自己認識、学校に対する認識はどうなのかなどを実際に見、聞きして、調べなくてはわからない。つまり、過程と意味が重要視されるということになる。

　もちろん、質的調査にも、様々な方法があるが、ある社会過程において人々がどのような意味付けをしているのかを重視する点では、共通している。もちろん、当事者の主観を重視するということは、研究者がそれをうのみにするということではなく、研究者は、その当事者（例えば、ドロップ・アウトしつつある生徒）が置かれている状況全体からその発言の意味を考えるという作業が必要なのである。

　先の量的調査では、結果が、AとBとは統計的に言って関係が強いという具合に、数字によって比較的分かりやすい形で出てくるため、一般化・単純化しやすく、政策の指針としてよく使われるが、質的調査の結果は、複雑な関係を言葉によって表すため、その結果が政策には反映されにくいという傾向もある。

　また、この二つの調査の仕方は、いつも独立に用いられるというわけでもない。例えば、質的調査で、生徒が登校拒否する際に重要だと考えられるような社会的事象を調べ、それを数字に直せるようなものにし、質問票

にして量的な調査をするというようなことも可能である。そういう意味では、この二つの調査は、お互いを補うようなものだと主張する社会学者も少なくない。

さらに、数字には文化的に中立である、あるいは、統計的な数字は非常に客観的で、インタビューによる分析は、主観的だ、というように、短絡的に考えるのも正しいとはいえない。社会現象を数字に直すのは、必ずしも、価値中立的な行為ではないのである。ある種のカテゴリーを決めて、数えるという場合、数字に表されたものは、常に、文化的な制約を受けたものだといえるだろう。

ここで、この二つの調査法の違いを簡単に表にしておこう。

表1 量的調査法・質的調査法の違い

調査方法	量的調査	質的調査
扱いやすい対象	変数化しやすい関係	文化（過程と意味）
表現手段	数字による	言葉による
結果	一般化（単純化）	複雑

では、次に、量的調査について、例をあげて、少し詳しく紹介してみよう。

4.2. 量的調査法の基本的な考え方

量的な調査の基本は、まず仮説を立てることである（量的調査法の基礎概念については、栗田1999を参照）。最も単純な形の仮説は、「AならばBである」といった形の因果関係を含むような命題として表されることが多い。つまり、Aが原因、Bが結果ということになる。ちなみに、この場合、Aを独立変数、Bを従属変数と呼ぶ（それは、Bの値はAによって変化するが、Aの値は予め与えられたもので変化しないからである）。

このような調査法をコミュニケーションの研究に応用したものとしては、例えば、選挙に関する世論調査があげられる。このような調査の場合、世論調査を受ける人の性別、年齢、学歴、職業、地域などが独立変数、支持率が従属変数とみなされることになる。つまり、候補者の支持率は年齢、例えば若者と老人の間で、異なっているかもしれないし、職業、役所で働いている公務員と、民間の工場で働いている肉体労働者で異なっているかもしれないと考えるのである。

世論調査では、まず仮説に従って、質問票をつくる。基本的には、調査はその仮説を検証するために行うということになる。例えば、年齢が高いと自民党支持者が多いかど

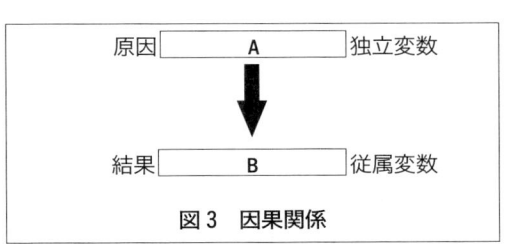

図3　因果関係

うかというような仮説の組み合わせになる。普通、それぞれの質問に、A—男、B—女とかの項目を設けて記号に割り振ることをコーディングと呼んでいる。

世論調査で、最も重要なことは、誰を調査の対象とするのかということで、対象となる母集団を決めなければならない。しかし、全員を調査するということは、費用の点からいっても時間の点からいっても現実的なことではない。したがって、母集団のうちから何人かサンプル（標本）を取り出して調査するということになる。これをサンプリングとよんでいる。どのようにサンプルを選ぶのかは、調査の信頼性を確保する上では、最も重要な作業である。サンプリングの仕方が間違っていれば、世論調査では、正確な予測をすることはできなくなる。原則的には、母集団に属する人口の一人ひとりが同じ確率でサンプルに選ばれるように被調査者を選ぶ単純無作為抽出法（simple random sampling）が一番望ましいと考えられている。

このような世論調査の場合、年齢という変数が、支持率を左右する原因となっているというような結果が出るかもしれない。あるいは、もしかしたら、

性別が大きな鍵を握っているかもしれない。しかし、別の変数、例えば学歴がもっと有効な変数である可能性もありうる。このような場合には、学歴が同じとした上で（つまり、大卒なら大卒者のなかだけで）年齢による差があるのかどうか、男女による差があるのかどうか、を見てみる必要があるということになる。これが変数を統制するということなのである。

つまり、ものを比べるときは、他の条件を同じにしなければ本当に何が原因であるのかを決めることはできない、というように量的調査は考え、そのようにデータを処理するのである。

次に、このような量的調査の限界、問題点について簡潔に述べておこう。

4.3. 量的調査法の問題点
以下に、量的調査法の問題点を箇条書きにして、あげておいた。

量的調査法の問題点
1　調査者が、ある程度予測した結果以外は、出てこない
2　数量化しにくいような情報は、調査に組み込みにくい
3　ある程度のサンプル数を確保しなければ統計的に意味をもたない
4　因果関係の理由を説明しない

少し詳しく、説明してみよう。まず、第一に、このような調査では、調査者がある程度、予測した結果以外は、出てこないという点が指摘される。この手の調査では、調査をする以前に、調査者がある程度、仮説を立てなければならない。つまり、AがCという現象の原因になっているかもしれない、あるいはBが原因であるかもしれないという予測があって始めて、それが質問票に反映されて、尋ねられるわけなので、もしCの最も重要な原因がZであったとしても、それが質問票で尋ねられない限りは無視されることになる。

第二に、数量化しにくいような、例えば人々の主観的感覚に関するような

情報は、調査に組み込みにくいということがあげられる。微妙な感覚の違いなど質問票には反映しにくいといえる。

第三に、サンプリングの仕方にもよるが、ある程度のサンプル数を確保しなければ統計的に意味をもたないということになる。だから、全くの個人では、大規模な量的調査は、やりにくいともいえる。自分と同じような関心をもった研究者と共同で調査をするなかで、調査票に自分の仮説も反映させてもらうという場合が少なくない。

最後に、量的調査は、原因と結果という関係の起こってくる理由を説明するわけではない。先に述べたように、量的調査では二つの変数の関係の強さを統計的に表すだけで、なぜその変数が関係あるのか、どうして関係があるのかについて、説明するというわけではない。関係があるということは、言えても、「なぜ」という質問には答えられない。

というわけで、「なぜ」という質問に答えるためには、その現象のもつ意味を調べなければならない。このような調査を、大きな意味では質的調査と呼んでいる。以下では、質的調査について、簡単に述べていきたい。

4.4. 質的調査法の基本的な考え方

多くの質的調査は、直接、仮説を検証するというスタイルをとるというよりは、その状況を理解し、社会的現象に関わるいろいろな要素から、逆に、新しい仮説を発見するという側面をもっている。

現在では、多くの研究者が、質的調査法を用いるようになってきている。質的調査では、普通、インタビューや観察などを通じて、状況を記録するという作業、そしてそれをデータ化するという作業、さらにデータを分析するという作業が中心となる。最近では、ビデオテープを用いた映像データを使うケースも多くなってきている（詳しくは、山中2002を参照）。

以下では、質的調査のなかで、最も広く用いられているエスノグラフィー（ethnography）という方法について少し詳しく見ていくことにしたい。エスノ

グラフィーは日本語では、民族誌的方法ということもある。また、これを人類学的方法と呼ぶ人々もいる。

■エスノグラフィー（民族誌的方法）
　エスノグラフィーは、必ずしも社会学のみによって用いられる方法ではない。というよりむしろ、文化人類学のなかで発展してきた方法だといえる。さらに、最近では心理学者などでもこの方法を使ってデータを集める研究者もふえてきている。ちなみにエスノグラフィーとは、「エスノ」、つまり民族、と「グラフィー」、書くこと、ということであり、書くこと、つまり、記録することによってデータを集めるという作業がその基本となる。普通、その状況の観察、当事者、関係者へのインタビューが主なデータ源となる。場合によっては、テープレコーダー、ビデオによる記録も用いられるようになってきている。まず、観察方法について説明していきたい。

■観察と参与観察
　観察は英語では observation というが、大別して、二つの考え方が存在する。どちらも目的のフィールドに行って、ノートを取ってくるというところは変らないのだが、一つ目のものは、観察者はそこの状況には関与しないという立場をとる。もう一つは、そこの状況に関与して、内部者の一員となり、そういう視点で状況を観察するというものである。後者を特に参与観察（perticipant observation）と呼んでいる。

　さて、普通の観察と、参与観察では、どちらが優れているのだろうか。あなたは、どちらを選ぶだろうか？　どちらにしようか迷う人も少なくないだろう。実は、どちらがよいかというように、二つを対極的に考えるのが、間違っているのだと考えられる。なぜなら、現場に関わらないようにしようとしても、観察者は透明人間ではないので、現場の人々の意識に入りこまずに、観察してくるということは、実際上は不可能なのである。調査者が、その場

に行ったということで、状況は、たとえわずかではあっても、すでに変化していることになる。その意味で、すでに調査者は、参加者になっているのだといえる。

では、参与観察の方はどうだろうか。100％参加すれば、それは観察者といえなくなる。したがって現場での出来事に参加する、といっても、どの程度参加するのかは、それぞれの場合で異なってくる。例えば、学校で正規の教員として教えながら、データを集めるのと、訪問者として、各教室にちょっとずつ参加したり子供たちと遊んだりして、データを集めるのでは、集めることのできるデータに違いが出てくる。また、どのくらいの年月そのフィールドにとどまるのかによっても、調査者が集めることのできる情報に違いが現れる。また、調査する人が、どのような準備をし、どのような目的をもって、調査をするかによっても、違いがあるだろう。

つまり、観察をする際には、ある程度きちんとした計画をたて、そして、その計画に、どのような利点があると同時に、どのような限界があるのかを、きちんと認識し、説明できるようにしておくことが重要なのである。一昔前には、人類学者が、たまたま、一つの島とか地域に、何年も居着いてしまって、そこで記録をとり、文化を研究するというようなことも少なくなかったが、近年では、数ヶ月から、数年にわたって観察調査するということが多くなってきている。また、現在では、誰も行ったことのない秘境に行って調査するということも少なくなりつつある。先行研究を勉強して、計画をたてた上で調査する必要性が高まっているといえる。

では、次にインタビューの方法、および、種類について述べていきたい。

■構造化されたインタビューと構造化されていないインタビュー

インタビューにも大別して、二つのやりかたがある。一つ目は、構造化されたインタビュー（structured interview）で、二つ目は構造化されていないインタビュー（unstructured interview）である。構造化されたインタビューとは、調査者が質問項目をあらかじめ、非常にはっきりと決めて、質問票を持ってい

く、それに対して、複数の被調査者は、同じ様式で答えることになる。このやりかたは、二つ以上の異なった場所を比較して、同じ立場にある人々（例えば二つの学校を比較してその教員、生徒など）の違いを明らかにする場合などには特に有効である。さらに、このようなやりかたをすると、数量分析をすることも可能になる。ただし、この方法では、調査者が被調査者から、新しい視野を学ぶ可能性は少なくなる。つまり、被調査者からの情報提供が限られてしまうことになる。

これに対して、構造化されていないインタビューは、質問を特にそろえないインタビューで、相手との話の流れのなかで、調査者が質問していくという方法である。この方法だと、被調査者が、調査者の知らない情報を提供してくれる可能性が高い。また、より主観的な感情や、意味を聴くことも可能である。しかし、この方法だと調査者と被調査者の関係のしかたによって、その回答の内容が異なってくるということも起こってくる。構造化されていないインタビューは、オープンエンディッド・インタビュー（open-ended interview）とも呼ばれている。

さて、インタビューには、他にも色々な分け方がある。一対一で行うものもあれば、ペア、例えば、親子とか夫婦とか、友だち同士とか、で行うものもある。また、ある特定のキャラクターをもった人たちを集めてグループで行う場合もある。これをフォーカスグループ・インタビュー（focus group interview）と呼んでいる。例えば、あるテレビ番組のファンを集めて、なぜ、その番組を見るのかなどについて語り合ってもらって、それを記録するというものである。また、ある特定の年齢の子供たちを集めて、学校について語ってもらうというようなこともある。

様々なインタビューの方法の、どれが一番良いかは、かならずしも、一概にはいえない。一対一だから、多くの貴重な情報が得られるとは限らない。調査者と被調査者の間には、どうしても、ある種の権力関係が存在するからである。時には、調査者がいない方がよい場合もありうる。例えば、

ある調査者が、学校に反発する女の子たちの文化を意識調査をした際に、グループインタビューを計画し、そして、たまたま、用事ができたので、彼女たちに自分たちで集まって、勝手に会話して、記録をとってもらったら、それが、その調査の中で一番よいデータとなったというケースもある。現実の調査では、多くの場合、いくつかのインタビューを組み合わせて行う。その場合、自分のデータの長所、短所をきちんと把握しておくことが、重要である。

4.5. 質的調査法の問題点

質的調査法にも、問題点がないわけではない。簡単に以下にまとめてみよう。

質的調査法の問題点
1 調査者の解釈を客観的に裏付けすることが困難
2 同じ調査を繰り返しても同じ結果にたどり着けない
3 一般化することが難しい
4 与えられた時間の中で結論を出せない可能性がある

まず第一に、調査者の解釈が正しいかどうかについて、客観的に裏付けすることが難しいということがあげられる。もちろん、何を「客観的」と考えるかにも問題がある。しかし、量的調査の場合は、数字で表されるので、同じ操作をすれば誰が見ても同じような結果に到達することになる。質的調査の場合、調査者が自分で集めてきたデータを調査者自身が解釈することになるので、何をもってそれが正しい解釈であると主張することが、難しくなり、それなりに、調査者としての経験を積むことが要求されてくる。

第二に、第一の点と多少関連するが、質的調査の場合、他の人がデータを分析したとしたら、全く同じ結果にたどりつけないという可能性がある。量的調査の場合、通常、操作を誤らないかぎりは、同じデータからは、誰が何回やっても同じ結論が出ることになる。

また、同じ人がもう1回、同じ調査をやったとしても、同じデータがとれるかどうかはわからない。というのは、被調査者がインタビューで二度同じことを聞かれて、全く同じ解答をするとは限らないからである。この点は、実は質的調査にも、量的調査にも、どちらにもかかわる基本的問題なのだが、質的調査では、個別データの数が限られるという点で、量的調査よりも問題が大きいといえる。このような理由から、質的調査はよく「おもしろいが、確かではない方法だ」と批判されることになる。

　さらに、質的調査から得られた結果は、量的調査に比べると一般化することが難しいと考えられる。先に述べたように、量的調査では、母集団からサンプリングを行って調査するのが普通なので、その現象がどのくらいの範囲内で妥当するのか、一応、議論することができるが、質的調査では、非常に詳しいデータがとれたとしても、それがどの範囲で妥当するのかは不明である。

　最後に、量的調査の場合、操作を誤らなければ、仮説が証明されるにしろ、証明されないにしろ調査の結果は出てくる。質的調査の場合、昔の文化人類学者のように何年もそこに生活しているという場合は別として、状況に流されて焦点を失ってしまうと、決められた時間の中では何も結論が得られないという場合もありうる。

　本章では、質的調査は、エスノグラフィーを中心に取り上げた。質的調査に属するものとして、この他に、言説分析、あるいはテクスト分析と呼ばれる分野もある。この方法は、データを集めるというよりは、データを分析することに関連している。また、メディア研究では、近年、非常に重要になっている分野である。これについては、次章で事例を扱いながら詳しく説明していきたい。

ボキャブラリー

プロセス学派、テクスト、記号学派、仮説、独立変数、従属変数、サンプリング、エスノグラフィー

課題

1. 身近な社会的場面におけるコミュニケーション経験のいくつかを、それぞれプロセス学派の考え方、記号学派の考え方を使って述べ、各々の考え方がどのように異なるのか説明してみよう。（コミュニケーション経験とは、家族との会話とか、新聞記事などでかまわない。）

2. 量的調査と質的調査のそれぞれの長所と短所についてまとめてみよう。

文献

池上嘉彦・山中桂一・唐須教光 1994『文化記号論――ことばのコードと文化のコード』講談社。

石川淳史・佐藤健二・山田一成編 1998『見えないものを見る力』八千代出版。

栗田宣義 1999『トーキング ソシオロジー』日本評論社。

宮島喬 1979『デュルケム 自殺論』有斐閣。

佐藤郁哉 1992『フィールドワーク』新曜社。

高根正昭 1979『創造の方法学』講談社。

山中速人編 2002『マルチメディアでフィールドワーク』有斐閣。

好井裕明・桜井厚編 2000『フィールドワークの経験』せりか書房。

吉見俊哉 1994『メディア時代の文化社会学』新曜社。

Fiske, John ［ジョン・フィスク］, 1990, *Introduction to Communication Studies*, London,

Routledge, 2nd Edition.

Hall, Stuart［スチュアート・ホール］, 1980, "Encoding/decoding" in Stuart Hall et al. (eds) *Culture, Media, Language*, London, Hutchinson.

Lury, Celia［セリア・ルーリー］, 1992, "Popular Culture and the Mass Media," in Bocock, Robert and Thompson, Kenneth (eds) *Social and Cultural Forms of Modernity*, Cambridge, Polity Press.

第2章　テクスト分析
――中学校教科書の民族観を考える――

　本章では、言説分析、テクスト分析の一例として教科書の分析を取り上げる（厳密には、言説分析とテクスト分析に際だった違いはないが、通常、人の話した言葉を分析したものを分析する場合には言説分析と呼ぶ場合が多いのに対して、まとまった量の書かれた文章についてはテクスト分析という言葉を使うことが多い）。読者の中には、教科書をメディアの一部だと考えてこなかった人もいるかもしれないが、教科書は、私たちに、社会に関する基本的な情報を与えるものとして、大きな役割をもっている。分析する題材としても、いろいろな意味で、興味深い対象なのである。また、教科書分析の方法は、他のメディアを分析する方法としても、応用できる。では、始めに、教科書というテクストの性格について述べることにしたい。

1.　教科書のテクスト分析のための理論
1.1.　教科書というテクスト

　日本では、小中高校の教育の中で教科書を使っている。教科書についてのイメージは、ランドセルや、肩かけ鞄に入る大きさで、使われている紙はわりと薄く、中身は、どちらかと言うと、絵や写真よりも、字の方がたくさん書かれている、といったようなものだろうか。この写真のようなものだろうか。このような、教科書のイメージは、日本では一般的なのだが、教科書の形態は、世界の国々で異なり、比較してみると興味深い。

　例えば、写真1は、中学校の歴史教科書である。文部省検定済教科書で、「新編　新しい社会　歴史」というタイトルがついており、東京書籍から、1985年2月10日に発行されたものである。この教科書は、335頁ある。2001年版ではサイズは大きくなり、中身も昔に比べると、写真や絵などが多くなっていて、見やすく、

写真1

学習を助けるような、工夫がこらされてきている。しかし、カラー写真などはそれほど多くない。定価は書かれていないが、文部省の指導によって、定価が安くおさえられているので、教科書会社は限られた価格の範囲内で工夫をこらしているが、教科書は、小さな出版社にとって、なかなか、もうけを出すのが、難しい商品になりつつある。

写真2

写真2は、合衆国世界地理の教科書である。多くの場合、中学校の社会科の時間に使われる。サイズが大きく、装丁も分厚く、重さも重い。中身も、字が大きく、絵や写真も大きい。頁数は456頁。合衆国では、教科書は、学校の所有物で、個人個人の生徒に貸し出される。学校は、一度購入した教科書を10年、20年という、長い期間使い続ける。予算の少ない学校では、さらに、長い間用いられる。値段も高く、1冊8000円ぐらいから1万円ぐらいしたりする。

　こうしてみると、私たちがあたりまえだと思っているような、教科書の形態は、かなりの程度、その国の教育制度や教育政策に関係したものであることが、わかるであろう。この点は、教科書という商品の、生産、流通、消費の問題として、社会学的に考察してみるのも興味深いプロジェクトだといえる。
　では、教科書の内容についてはどうだろう。教科書の内容というと、疑問をもたずに、その内容を真実として受け入れてきた人が、ほとんどであるように思われるが、どうだろうか。その一方で、日本では敗戦以来の戦後史のなかで、教科書は、たびたび政治的、文化的、法律的論争の的となってきている。例えば、歴史学者で教科書執筆者であった、家永三郎が国と文部省を相手に、三次にわたって闘った、「教科書裁判」はその代表的な例である。家永教科書裁判は、1997年8月に終ったが、長い裁判だったので、何とな

くそのような裁判があったことは知っていたけれど、中身はよく知らなかったという人もいるかもしれない。海外では、特に、日本研究者の間では、家永教科書裁判は非常に関心をもたれてきた。教科書裁判について、詳しい内容をここで紹介するわけにはいかないが、家永は、海外で最も尊敬されている日本の学者の1人だったといえる。

　さて、教科書をめぐる論争は、必ずしも、日本だけに特有の現象ではない。世界の様々な国で、教科書、あるいは、学校で教える知識をめぐる論争が起ってきている。例えば、合衆国では、理科の教科書、英語の読本、社会の教科書、あるいは、それぞれの教育内容などが、問題になることも少なくない。国語とか、社会科ならともかく、どうして、理科が問題になるのかな、と思われる人もいるかもしれない。実は、合衆国には、キリスト教原理主義者や、保守系の人々の中で、ダーウィンの進化論と同時に、神による天地創造説を教えよ、と運動している人たちがいるのである（詳しくは、鵜浦1998を参照）。それらの人たちは、このごろの若者のモラルが低下しているのは、学校が天地創造説を教えないからだ、というような批判をしている。日本も、内容こそ違え、右派の人々がしかけた歴史教育論争の中で問題となったのは、若者のモラル（たとえば「愛国心」）の問題であったといえる。

　ところで、教科書をめぐる論争は、たいていの場合、教科書の内容が政治的に偏っているかどうかが争われることが多いのだが、それは、教科書に書かれている「真実」が、絶対不変の真実ではなく、これからも、そうではないだろうということを示唆しているのではないだろうか。ここでは、詳しく立ち入らないが、今述べた、「絶対不変の真実」という考え方ではなく「構築された真実」として考察する必要があるだろう。どちらにせよ教科書を分析することは、ある種の社会分析をすることである、といえるだろう。

　学校は、若い世代の人に、文化や科学的知識を伝達する機関だといえるが、学校で教えられる文化および知識には、ある種の特徴がある。ほとん

どの学校は、多かれ少なかれ、国家や地方自治体の、財政、政策に依存している。日本の場合、私立学校といっても文部省から補助をもらわずにやっていくことはできない。そういう意味では、国家、あるいは、権力をもつ側の是認しないような見方は、学校のカリキュラムからは、排除されがちである。

しかし、国家が、ある種の見方を、常に、教科書を通じて押し付けている、というように短絡的に考えるのも、家永教科書裁判のようなケースを除けば、問題があると考えられる。例えば、昔の教科書の中に現れてくる男女関係、例えば、お父さんは会社で仕事、お母さんが食事をつくる、といったようなイメージは、国家が押し付けたというよりは、私たちが、「常識」的にもっているイメージを反映していたことの方が多かったのではないか、という疑問がわいてくる。つまり、研究のテーマによっては、国家による押し付けという見方から、人々の意識は日常生活の中にあふれている情報を通して、ほとんど無意識に、統制されているというような見方が重要となる。

さらに、教科書を分析する能力は、情報を読みとる基本であるといえる。平等で公正な社会を築いていく市民として、情報の社会的役割を考えるためには、大きな政治的議論と関係なく、教科書をテクストとして批判的に読むことが重要なのである。批判的な読解力を、つまり、クリティカル・リテラシー（critical literacy、直訳すれば、批判的識字力）を身に付けることが望まれている。クリティカル・リテラシーを通じて、教科書の記述が、どのような社会的権力関係を反映しているのか、を読み取る力をつけていく必要があるといえる。以上のことを、箇条書きにして、まとめておこう。

教科書分析の観点
　(1) 教科書を分析することは、社会分析をすることである。
　(2) 国家、あるいは、権力をもつ側の是認しないような見方は、学校のカリキュラムから排除されがちである。
　(3) 日常生活のなかの情報を通して、無意識的に、人々の意識が統制されて

いる場合がある。
(4) 教科書の記述が、どのような社会的権力関係を反映しているのかを読み取ることが重要。

では、次に、教科書を批判的に読むための方法について述べていきたい。まず始めに、重要な理論的概念として、イデオロギーおよびヘゲモニーについて説明しておきたい。

1.2. イデオロギー（Ideology）

　読者は、「イデオロギー」というと何を連想されるだろうか。イデオロギーというと偏った思想、考え方、だと考えている人も多いことだろう。「イデオロギー」という言葉は、もともとは、一般的に使われる言葉だったのだが、マルクス主義理論の中で、非常に込み入った議論がされてきた。様々な学者によって、「マルクスはこう言っている」「いやいや、マルクスはここでこのように定義している」というように、白熱した論議が重ねられてきた。実は、マルクス自身も、イデオロギーという言葉を、曖昧というか、多義的に使っているので、この論争は、なかなか、決着がつかないのである。しかし、論争を通じて、イデオロギーについて、大きく言えば、二つの用い方があることが、はっきりしてきた。

　一つは、どちらかというと、古典的なマルクス主義者の学者たちが使うもので、マルクス主義の歴史観、社会観に乗っ取って、それにそぐわない思想、考え方をイデオロギーと呼ぶものである。つまり、科学的社会主義が真理であり、それ以外のものは、イデオロギー、つまり、偽物ということになる。このような考えは、ひと昔前のソ連に追随した共産党系のグループの人々の中に多くみられた。また、この線にそって、マルクス主義理論を、構造主義の立場から再構築しようと試みた学者として、フランスのマルクス主義哲学者ルイ・アルチュセール（Louis Althusser）をあげることができる。

もう一つの用い方は、イデオロギーを、ある社会的グループ特有のものの見方、というように使うものである。つまり、労働者階級のイデオロギーとか、家父長制的イデオロギーとかいうように使う場合である。ここでは、イデオロギーは真実であるかもしれないし、虚偽であるかもしれない。このような使い方をした人の例としては、レーニンをあげることができる。彼は、「労働者階級のイデオロギー」というように、イデオロギーという言葉を使っている。また、このような意味で、イデオロギーについて論じた学者としては、ロシアの言語学者ミハイル・バフチン（Michel Bakhtin）とか、イギリスのレイモンド・ウィリアムス（Raymond Williams）などがあげられる。ウィリアムスは、ここで扱うコミュニケーション研究理論の草分けにあたる人である。というわけで、本書では、どちらかと言うと、イデオロギーという言葉を、後者の意味で用いることにする。

　さらに、イデオロギーとは、記号のシステムによって表される、ある体系をもった世界観である、というように考えられる。つまり、ある種の人々のもつ世界観を、「正しい」とか「間違っている」とか評価することから、その特徴を分析してみることに、中心が移るといってよいだろう。重要なのは、イデオロギーは、様々な言説を通じて表明されて、私たちの日常生活のなかに充満しており、イデオロギーは、知らずしらずのうちに、私たちの意識を形作っていくという点である。つまり、私たちは、様々な情報や知識に接するなかで、多くの場合、あまり深く考えることなく、ある考え方を常識として受け入れ、行動する場合が少なくない。このような意味で、イデオロギーという概念は、情報研究にとって、重要な概念であると言える。以上の要点を記しておこう。

イデオロギー
　(1) 偏った思想、考え方
　(2) 虚偽意識
　(3) ある社会的グループ特有のものの見方
　(4) 言説を通じて表明され、私たちの日常生活のなかに充満している

では、次に、イデオロギーに関連のある概念であるヘゲモニーという概念について説明していくことにしたい。

1.3. ヘゲモニー（Hegemony）

多くの人々にとって、「ヘゲモニー」とは、聞きなれない言葉だろう。イデオロギーと同様に、ヘゲモニーにも、一般的な使われかたがあり、日本語では、「覇権」というように使われ、権力を握ることを意味している。しかし、情報研究で重要なのは、そのような一般的な意味ではなく、イタリアのマルクス主義思想家のアントニオ・グラムシ（Antonio Gramsci）が用いたことによって生まれた、社会を文化的実践からなる全体と考えるような見方にもとづく、ヘゲモニーという概念なのである。

グラムシは、ヘゲモニーという考えかたを用いて、社会全体が、単純に経済的構造によって、規定されているというよりは、様々なイデオロギーを内包する文化的実践を通して統制されているというように考えた。つまり、グラムシは、経済構造を中心に考える伝統的マルクス主義モデルではなく、文化実践やイデオロギーを重視するマルクス理論を提起した。残念ながら、グラムシは、第二次世界大戦中に、イタリアのムッソリーニのファシスト政権によって、弾圧され、獄死したため、彼の理論は体系化しなかった。しかし、グラムシの思想は、1970年代以降、ネオ・グラムシ派と呼ばれる人たちによって、継承され、グラムシが獄中で書いたノートは、「獄中ノート」とよばれ、現代の文化的マルクス主義の古典となっている。

一口で言えば、ヘゲモニーとは、直接、力で押さえつけるのではなく、様々なイデオロギーの働きに依拠する支配形態のことだということができる。つまり、社会にある様々な利害をもつ勢力の一部は、あるイデオロギーおよび文化実践によって、支配のために連係し、連帯し、支配集団を構成する。つまり、イデオロギーは、ヘゲモニー支配を形成する上での接着剤のような役割を果たすということになる。また、別のイデオロギーが新たなヘゲモニー

を作って、現在支配的な体制に、挑戦するということもあるわけだが、これを対抗ヘゲモニー、またはカウンター・ヘゲモニー（counter hegemony）と呼んでいる。

　ヘゲモニーという概念は、単に現在の政治的状況を説明するだけではない。というよりむしろ、ある支配体制が成り立ち、正統化されるための文化の形成、ある支配的な文化の形成がどのような社会勢力間の合意と葛藤の結果として生まれてくるのかを説明するものなのである。その際に、最も重要なことは、ヘゲモニー的支配とは、そのなかに異なる利益を追求する社会勢力を抱え込んでいるので、常にその中に合意と葛藤があり、ダイナミックに変化しているのだということなのだ。例えば、戦後の日本では、自民党による政権が長い間続いてきたわけだが、自民党は経済団体、資本家や農業団体など、様々な利益集団を支持者につけることで、政権を維持してきたと言える。しかし、資本家にも、大企業の資本家から中小企業の資本家までいるわけなので、その利害関係は必ずしも一様ではない。したがって、権力集団はそのヘゲモニーを維持するために、常に、支持諸集団の間で合意をつくり出さなければならないということになる。では、ヘゲモニーについて、重要な点を記しておこう。

ヘゲモニー
- (1)「覇権」
- (2) イデオロギーによってできた社会勢力間の連帯、連携
- (3) ある支配体制が成り立ち、正統化されるための文化の形成、ある支配的な文化の形成がどのような社会勢力間の合意と葛藤の結果として生まれてくるのかを説明する

　ヘゲモニーは、政治的・文化的な意味や実践の共有によって正統化されることになる。つまり、ヘゲモニー支配を続けるためには、見方や価値を共有している必要があるということなのである。そこで重要なのが、選択的伝統（selective tradition）という概念である。この概念は、レイモンド・ウィリアム

ス（Williams 1977）が用いたものである。

　ウィリアムスによると、ある時代に支配的だとみなされる文化・伝統は、膨大な知識の中から有意義だとみなされて選ばれたもの、あるいは、ある視点から再解釈されたものであることを意味する。つまり、私たちが現在、重要だとみなしている文化は、自然に重要だとみなされるようになったわけではなくて、ある時点での選択の結果として重要だとみなされるに至っているのだということになる。

　選択的伝統は、様々な情報メディアを分析する際に有効なのだが、限られたスペースで、知識を伝達することが目的とされている学校教科書のようなものの場合、特に重要だといえる。この考えかたを用いて、昔から現在までの教科書の内容の変化を、歴史的に分析してみるといったことが可能になる。

　では、次に、実際の教科書分析の方法について、述べていきたい。本章では、主にコンテント・アナリシスと言う分析方法を説明する。分析対象としては、主に、中学校社会科教科書の韓国・朝鮮記述の分析の研究を取り上げる。

2. コンテント・アナリシス（Content Analysis）
2.1. コンテント・アナリシスという方法

　コンテント・アナリシス（content analysis）は、日本語に訳すと、「内容分析」ということになるが、そのように呼ぶと、誤解を招く可能性があるので、ここでは、「コンテント・アナリシス」と、英語のまま呼ぶことにしたい。誤解というのは、「内容分析」というと意味内容の分析のことだと考えがちであるが、コンテント・アナリシスは、ある単位になる語彙を見つけて数え上げるという経験的手法で、量的な分析の一種だからである。つまり、ある単語の出現回数を「数える」ということが、中心になり、その単語の文脈的な意味には、ほとんど立ち入らないし、単語がどこでも同じ意味に用

いられているかということは、多くの場合考慮されない。微妙な意味の違いなどを考慮しだすと数えることは難しくなってしまうからである。この方法は、どちらかといえば前に説明した、プロセス学派のなかで開発されてきた方法で、テクストにおけるパターンや頻度を明らかにする上で、有効だと考えられる。

　コンテント・アナリシスは意味を問題にしないが、コンテント・アナリシスを使って、テクストのなかに言外に示されている社会的価値を推察することは、ある程度、可能となる。例えば、あるテクストの中で男性、ホワイト・カラーの仕事、あるいは20代、30代、白人といった語彙で表される人々が頻出するとすれば、そういった属性が、社会の価値観の中で高い位置を占めているからではないか、あるいは、そのテクストはそのような価値観を支えるイデオロギーを広める働きをしていると考えることができる。逆に、ある集団の人々が、そのテクストのなかに出てこないことは、その集団の人々が、実際の社会の中で、排除されたり、無視されたりしていること、つまり、権力がないことを意味するのではないか、そのようなイデオロギーを浸透させようとしているのではないか、と言うことになる。このように、コンテント・アナリシスを使うと、テクストの全体的、表面的な傾向をつかむことが、可能になるといえる。

　また、コンテント・アナリシスの方法で、テクストの通時的形態の変化をさぐることができる。通時的というのは、時間の経過に従って、すなわち歴史的に見ていくということである。つまり、あるテクストが、時間の経過を経るに従って、どのように改定され、書き換えられていったのかということがポイントになる。日本の場合、教科書は普通、学習指導要領の改定のたびに書き換えられる。したがって、同じトピックについて、どう書き換えられてきたのかを考察することができるので、それは、社会の変化を考えていく上で、重要なデータを提供することになる。今述べた、コンテント・アナリシスの特徴を整理しておこう。

コンテント・アナリシス
(1) ある単位になる語彙を見つけて数え上げるという経験的手法で、量的な分析の一種
(2) テクストにおけるパターンや頻度を明らかにする上で、有効
(3) テクストの中に言外に示されている社会的価値を、推察することはある程度可能
(4) テクストの通時的形態の変化をさぐることができる

では、具体的に、コンテント・アナリシスの方法を、中学校教科書の韓国・朝鮮記述の分析に活かして、どのような分析ができるのか、見ていくことにする。分析に用いた教科書は、『新編新しい社会　歴史』（東京書籍）である。以前に発表した研究の一部（井口 1992）なので、少しデータは古いが、調査方法を紹介するものとしては、よい材料だといえるだろう。

2.2.　韓国・朝鮮への言及頻度

まず、韓国・朝鮮記述の通時的形態の変化という観点で、ある教科書の年代の異なった版の中学校社会科歴史分野の教科書をデータとして、コンテント・アナリシスを行い、その記述のパターンの変化に注目してみよう。50年代半ばからほぼ10年ごとの四つの異なった版の教科書で、それぞれを古代、中世、近世、近代という時代別に、韓国・朝鮮に関する記述量を調べ、それらの教科書の間での変化を分析した。「朝鮮」「百済」「新羅」「任那」「高麗」「渡来人（帰化人）」「韓国」など、韓国・朝鮮に関連する語句を含む文（sentense）を単位として、その総数を求める。記述の全体量の変化を把握するために、それぞれの版の教科書を韓国・朝鮮に関して内容分析したものを時代別に分類して、表に表してみる。結果は以下のとおりである。

表1 歴史教科書時代別頻度

	古代 (〜9世紀)	中世 (10〜14世紀)	近世 (15〜18世紀)	近代 (19世紀〜)	計
中学歴史 1955年版	13	3	3	9	28
1965年版	19	3	2	14	38
1974年版	20	8	4	28	60
1983年版	25	9	6	36	76

　表1から、韓国・朝鮮記述の全体量そのものは、年を追って着実に増加していることが読み取れる。また、どの年代の教科書においても、古代と近代で記述量が多くなっていることがわかる。そして、特に1983年版では近代で記述が増加しているのが目立っている。

　しかし、この表だけではどういった内容が記述されているのかについては一切わからないので、表1をさらに政治・文化・交通経済という項目で整理し直してみよう。それが、**表2**である。

表2　中学校歴史分野教科書項目別

		古代	中世	近世	近代	計
1955年版	政治	4	1	3	5	13
	文化	7	1	0	0	8
	交通経済	2	1	0	4	7
1965年版	政治	14	3	2	12	31
	文化	6	0	0	0	6
	交通経済	1	1	0	2	4
1974年版	政治	12	6	3	21	42
	文化	8	2	0	2	12
	交通経済	2	2	2	8	14
1983年版	政治	16	5	5	32	58
	文化	10	2	1	2	15
	交通経済	3	3	2	7	15

（一つの文を重複して解釈するケースもある）

　表2からは、政治的項目が特に古代、近代において、他の時代より多く記述されているのに比べて、文化的項目については古代のみに集中しているこ

2. コンテント・アナリシス (Content Analysis) 43

とがわかる。

　では、政治的項目、文化的項目の中身を検討し、記述のパターンを探ってみよう。これら記述が集中している個所を、1983年版の教科書について、どのような小見出しがついているのか調べてみると、古代では「中国・朝鮮との関係」「大陸文化を伝えた渡来人」「新羅の統一と改新政治の進展」の小見出しがついており、近代では「新政府の外交と中国・朝鮮」「朝鮮への進出」「朝鮮の植民地化」という小見出しがついていることがわかる。

　以上のことから、韓国・朝鮮について、教科書の中では、古代朝鮮から進んだ文化が渡来人によって伝えられた後、千年以上にわたってそれほど多くの言及がなく、次に大きく取り扱われるのは、近代において日本の植民地化の対象となる時だということがわかる。これは、古代は優れた文化をもっていた韓国・朝鮮が、その後進歩が止まっていたという見方（このような見方を朝鮮停滞史観と呼ぶことがある。例えば、旗田1969を参照）と重なるところが大きいと考えられるのではなかろうか。つまり、そこには、韓国・朝鮮をどう見るかに関する、ある種のイデオロギーが作用していると言ってもよい。いずれにしても、ほぼ千年間のギャップは大きいと言えよう。これでは、一番近い外国のことを、全く知らせないに近い。このように、知らない、知らせないというのも、ある種のイデオロギーの働きである。

　また、現代史の部分で、在日韓国・朝鮮人に関する記述がないことも、問題だといえる。民族問題をどのように考えていくか、教えていくかということは、多様性をめざす21世紀の、世界的な課題である。日本社会における、在日韓国・朝鮮人に対する差別、偏見の問題、および、在日韓国・朝鮮人の人たちが、日本の社会に生きる人間としての権利を勝ち取るために、闘ってきた歴史は、近現代日本史の重要な一部でもある。教科書の中できちんと取り扱っていくことが必要だといえる。在日韓国・朝鮮人は、日本の市民社会の合法的で、正当な構成員である。その歴史が書かれていないのは、在日韓国・朝鮮人の人々の存在を、排除しよう、異端視しようとする権力が、働いていることを示しているのではなかろうか。つまり、そ

こには、「日本」とは何か、どのような人々の住む国か、といったことに関する、排他的イデオロギーにもとづく、選択的伝統が働いているということになる。

　私たちをとりまく支配的文化は、在日韓国・朝鮮人の歴史を近現代日本史の重要な一部であるとは、みなしていないのではないか。それは、「外国人のこと」で「日本のことではない」と思っていたのではないだろうか。そのような文化に同調することによって、私たちは、現実の社会にある差別や不平等を正当化することになる。それが、ヘゲモニー的な支配である。すなわち、ある種の意識によって、あるいは、ある種の無意識的同意によって、社会がコントロールされているのである。教科書というのは、一つの社会のヘゲモニーを分析するために、とてもよいデータを提供するといえる。このことを、まとめておこう。

教科書とヘゲモニー的支配
　(1) ヘゲモニー的な支配とは、ある種の意識によって、あるいは、ある種の無意識的同意によって、社会がコントロールされていること
　(2) 教科書分析を通して、一つの社会の、ヘゲモニーが分析できる

　以下では、この方法を応用して、中学校社会科以外の教科書の韓国・朝鮮記述についても見ていくことにしたい。その前に、まずテクスト間関係（intertextuality）という概念について、少し述べておきたい。

2.3.　テクスト間関係（intertextuality）の分析

　テクスト間関係という概念では、テクストにある固有の意味があると考えるのではなく、意味は他のテクストとの関係において明らかになると考えられる。例えば、「男」と「女」ということで言えば、「男」という言葉に固有の意味があるというよりも、その意味は「女」のもつ意味との関係で決まるというように考えられる。つまり、「男」は「女」ではないものだとされる。したがって、「女」のもつ意味が変われば、「男」のもつ意味も変わるこ

とになる。このように、テクストは他のテクストとの関係で意味が変わるのである。

　さて、韓国朝鮮記述の話に戻そう。前節では教科書の通時的変化を見てきた。それは、同じテクストがいかに書き換えられてきたのか、つまり同じジャンルに属するテクスト同士の歴史的関係だといえる。もちろん、これも一つのテクスト間関係だと言える。

　このようなテクストの歴史的、通時的関係に加えて、同時に存在する異なるジャンルに属するテクスト同士の関係を調べてみることもできる。これを水平的あるいは、共時的なテクスト間関係と呼んでいる。共時的なテクスト間関係という概念を教育という文脈に応用すると、同じ時代の政策文書、カリキュラム、副読本など教科書とは異なったジャンルのテクストとの関係、さらに、教科書でも異なった科目や学年間の教科書の関係もこれに含まれる。韓国・朝鮮記述の分析についていえば、異なった学年の歴史教科書や副読本、カリキュラム指導案などについてもみていく必要があるし、社会科歴史分野以外にも他の科目でどのように記述されているのかについても考察する必要があると考えられる。

　以下では、高校日本史および世界史教科書、さらに中学校の社会科以外の文科系の科目で、外国文化について学ぶ可能性のある国語、音楽、美術の教科書のなかでの韓国・朝鮮記述について考察してみよう。

2.4.　高校日本史・世界史教科書における韓国・朝鮮

　中学校の社会科歴史分野は、高校では日本史と世界史に分かれてくる。以下では、テクストの共時的関係という観点から、高校の日本史、世界史教科書の韓国・朝鮮に関する記述を前節と同様に、コンテント・アナリシスして、中学教科書の場合と比べてみる。日本史および世界史教科書では山川出版のもの（6種類の教科書を合わせて）が一番広く使われているが、以下では、そのうちで1番多く版を重ねている『詳説日本史』（1990年版）、『詳説世界史』

(1990年版)を分析の対象とする。

　高校の場合、日本史と世界史では、韓国・朝鮮を記述する視点は異なっている。日本史においては、当然のことながら、韓国・朝鮮は日本との関係においてとらえられているが、世界史においては独立した一地域としてとらえられている。**表3**をみてみよう。

表3　歴史教科書時代別頻度

	古代 (〜9世紀)	中世 (10〜14世紀)	近世 (15〜18世紀)	近　代 (19世紀〜)	計
中学歴史1983年版	25	9	6	36	76
高校日本史	31	8	13	27	79
高校世界史	16	5	15	14	50

　表3から、日本史の場合、古代と近代で出現数が多くなるという点で、中学校の教科書と同様な傾向を示していることがうかがわれるが、1983年版の中学校教科書と比べると近世の記述が多く、逆に近代で少なくなっていることが見て取れる。調べてみると、これは江戸時代の朝鮮通信使について詳しく記述し、逆に日本の植民地時代の政策に全くふれていないことの現れであることがわかる。

　同じく表1から、世界史教科書の場合、全体の記述量が少ないが、やはり中世で特に落ち込んでいることがわかる。ただし、この教科書をよく見てみると、朝鮮の文化的発展に関する記述は多く、例えば高麗時代の金属印刷技術の発明などについて書かれている。また、16世紀の豊臣秀吉の朝鮮侵略に対する朝鮮の抵抗などの記述もあるが、それでも、東アジアの歴史が中国という大国を中心に書かれている点は、変化がない。近世以降、李朝後期時代の朝鮮の記述はなく、日本の侵略を受ける時期の記述はあまり詳しくないし、その過程では、韓国や朝鮮、およびその人物が主語となっている文も少なく、国としての主体性に欠ける記述となっている。植民地時代の記述は、三・一独立運動のみに限られている。

ここで、最も問題なのは、この日本史と世界史の教科書2冊とも植民地時代の朝鮮に関する記述が三・一独立運動を除いて全く無いことである。中学校社会科歴史分野の教科書では、ポイントを落とした文字ではあるが本文で植民地教育、同化政策などについて書かれ、強制連行や独立運動についても短くではあるが、触れられている。つまり、1990年代初頭において、高校の教科書は、近代の韓国・朝鮮記述に関しては、中学校教科書より詳しいとはいえなかったということなのである。なぜ、このような差が存在したのかは、非常におもしろい社会学的問題である。もちろん、ここで取り上げたのは一部の教科書なので、他の教科書を通時的、共時的に検討してみる必要がある。

2.5. 他教科教科書における韓国・朝鮮

共時的なテクスト間関係という観点から見ると、教科書における韓国・朝鮮記述という問題は、社会科の教科書のみならず、国語、音楽、美術といった他の文科系の教科書についても考察する必要があるだろう。分析2では、国語、音楽、美術の中学校用教科書をとりあげて、それぞれがどのように韓国・朝鮮を記述しているのかを、コンテント・アナリシスの方法を使って調べた（これらの教科書も1983年版である）。そして、それが、社会科教科書の韓国・朝鮮像とどのように相互に作用するような関係になっているのかについて、考察してみたい。取り上げた教科書は、1984年現在、それぞれの科目で販売シェアのトップを占める光村書店の国語、教育芸術社の音楽、日本文教出版の美術の教科書である。

まず、国語の教科書では、作品の作者の国籍を見てみよう。結果は、**表4**のようになる。日本が一番多いのは、当然だろうが、翻訳作品ではドイツが2、フランス、ソ連、アメリカ、中国が各1である。

表4　中学校国語教科書：作品作者国籍

	1年用	2年用	3年用	計
日本	13	15	15	43
中国	0	0	1	1
ドイツ	1	1	0	2
フランス	1	0	0	1
アメリカ	1	0	0	1
ソ連	1	0	0	1

　次に、音楽の教科書について、作曲者の国籍（民謡の場合は、その曲が伝承されている国）を検討してみた。**表5**からわかるとおり、大半を日本の曲（大多数は西洋音楽だが）が占め、残りを欧米の曲でわけるという形になっていることがわかる。韓国・朝鮮はおろか日本以外のアジアの国々の曲は、一つも登場しない。

表5　中学校音楽教科書：国別作品

	1年用	2年用	3年用	計
日本	20	23	15	58
アメリカ	5	2	2	9
ドイツ	1	3	0	4
フランス	1	2	0	3
イタリア	1	1	1	3
オーストリア	1	0	0	1
メキシコ	1	0	0	1
アイルランド	1	0	0	1
イギリス	1	2	0	3
スペイン	0	1	1	2
ジプシー	0	1	0	1
チェコ	0	0	4	4
フィンランド	0	0	1	1
ノルウェー	0	0	1	1
作者不明	0	0	1	1
国籍不明	4	1	1	6

※「作者不明」は教科書自体に「不明」と記されていたもの。「国籍不明」は筆者が調べた範囲で国籍が判明しなかったもの。ただし、国籍不明に該当したものはみなカタカナの名前をもっていた。

同様に美術の教科書のなかに登場する作品の作者を見てみると、**表6**のようになる。美術の場合も、音楽と同じように、日本人の作品が一番多く、次いで「美術の国」と称されることの多いフランスである。残りは音楽よりは広範な地域から作品が集められているものの、やはり欧米のものが多く、アジアのものは3年間のうちでインド、中国が各1点ずつ登場するのみで、韓国・朝鮮のものは全く登場しない。

表6　中学校美術教科書：国別作品

	1年用	2年用	3年用	計
日本	9	18	21	48
フランス	8	9	12	29
イタリア	2	1	1	4
オランダ	2	1	1	4
ドイツ	1	0	3	4
イギリス	1	1	2	4
モロッコ	1	0	0	1
メキシコ	1	0	0	1
中国	1	0	0	1
スペイン	0	3	4	7
インド	0	1	0	1
アメリカ	0	3	6	9
ギリシャ	0	1	1	2
スイス	0	0	2	2
スウェーデン	0	0	1	1
ポーランド	0	0	1	1
ベルギー	0	0	2	2
フランドル	0	0	1	1

※ただし、国籍を変更したものは変更後の国籍を取った。

　以上の点をまとめておこう。国語、音楽、美術といった文科系の3科目では韓国・朝鮮を取り上げないばかりか、日本以外のアジアの文化をほとんど紹介していない。これは、日本の社会において、現実に韓国・朝鮮のみならずアジア文化が全般的に軽視されている事実を示唆しているのではないだろ

うか。つまり、他の文科系の科目は社会科よりさらに韓国・朝鮮の文化を軽視しているということもできる。

　さて、ここまでの分析は、前述した、コンテント・アナリシスの方法を用いてきた。先にも述べたように、このコンテント・アナリシスというのは、量的調査の一つで、全体の傾向のようなものをつかむのには、よい方法だと言える。しかし、そこでどのような意味がつくられているのかは問題にしていない。つまり、単語の出現した数を数えているだけなので、使われたそれぞれの文脈で、どのような意味で使われたのかは視野に入ってこないことになる。どのような意味がつくられているのかを考えるためには、記号論的な分析をしなければならない。では、次に、記号論的分析を試みてみよう。

3.　記号論（Semiotics）的分析
3.1.　言語とイデオロギー

　記号論を使った分析にはいろいろな種類のものがあるが、ここではイギリスの批判的言語理論を応用した分析を適用してみることにしたい。この分析は、イデオロギーを分析する際に特に有効だと考えられているからである。この言語理論は、文法構造と社会関係、言語の使われる文脈との関係に注目する。つまり、ある言語的構成の構造的特質そのものが、あるイデオロギーと結びついていると考えるのである。

　この分析では、統辞構造（syntactic structure）に注目する。統辞構造とは、記号と記号がどのように結合されているのか、語がどのように組み合わされて文となるのか、そのルール、つまり構文がどのようにできているのかということだと考えてよい。具体的には、名詞化（nominalization）と受動態化（passivization）などが、「意味」をあるやりかたでイデオロギー的に操作する仕掛けとなっていると考えるわけである。少し、難しいので名詞化と受動態化の具体的な例をあげてみよう（この理論についての詳しい解説は、Thompson 1984を参照）。

3. 記号論 (Semiotics) 的分析

```
原形        警官が暴動の中で11人を撃ち殺した
             ↓
受動態化     [      ]11人のアフリカ人が殺された
           行為の主体の省略
                            ↓
名詞化            アフリカ人の死
                   中立化
                    図1
```

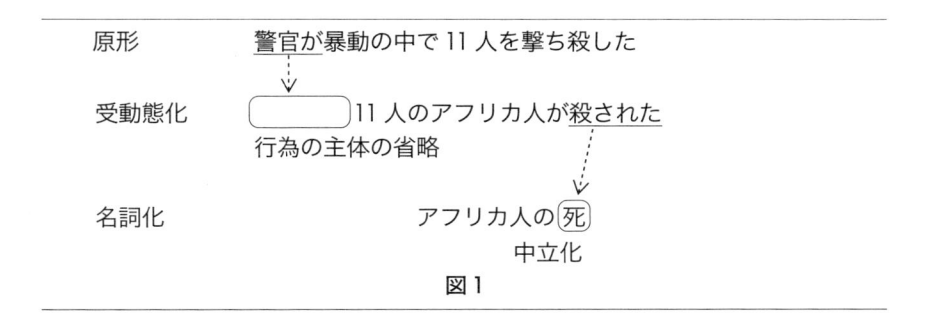

図1は、南アフリカのアパルトヘイト下で、黒人「暴動」が新聞記事の見出しの中でどのように描かれたのかという例である（もともとは英語である。Trew 1979 によっている）。「警官が暴動のなかで11人を撃ち殺した」というのが原形で、それが「11人のアフリカ人が殺された」と受動態化され、さらに「アフリカ人の死」と名詞化されて表現されている。

これらの文章の意味はどのように異なってくるだろうか。日本語にしてしまうと少しはっきりしないかもしれない。まず、受動態化すると主体となる行為者、つまりここでは「警官」が省略される。さらに、名詞化すると行為の過程は全くモノとして中立化されることになる。「死んだ」理由は、消えてしまう。このような過程を経ると、結局、誰が南アフリカの黒人を殺したのかということは、問題として無視され、あたかも勝手に死んだかのような印象を与えるということになる。

もう一つ例をあげよう。今度は、日本の例だが、これは私が勝手に創作したもので、実際の新聞見出しではない。

まず、受動態化してしまうと行為の主体、つまり「誰が」にあたる部分が失われてしまう。つまり、この場合受動態化すると誰がこの法案を推したのかがわからなくなってしまうことになる。次に名詞化すると、事実だけがあたかも独り歩きして、そこにあった葛藤は、消えてしまう。

このような表現方法が、イデオロギー的だというのは、このような構文的

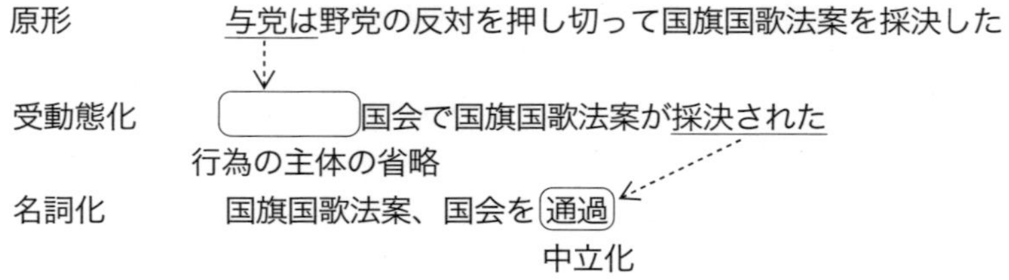

```
原形         与党は野党の反対を押し切って国旗国歌法案を採決した
                ↓
受動態化    [      ]国会で国旗国歌法案が採決された
             行為の主体の省略
名詞化       国旗国歌法案、国会を[通過]
                      中立化
                      図2
```

な操作によって、ある意味を変形させて、読者のある事柄に関する関心をそらして、別の関心へひきつけるという効果があるからなのである。日本語の場合、主語の省略が多いので（それ自体がイデオロギー的なことなのかもしれないが）、英語の受動態化表現と名詞化がそのまま当てはまるかどうかは、議論のあるところであろう。

3.2. 使役的表現の用法

以下では、使役形を日本語の記述において英語における名詞化、受動態化と同様な役割を果たす表現の一つと考えた。なぜなら、使役形は、行為者を省略し曖昧化するという効果をもつからである。さらに、使役形の場合、文章のなかで権力をもつ者ともたぬ者の関係が表現され、そこでは権力をもつ主体の側を省略することにより、権力をもたぬ側が客体としてのみ表されるという結果を生むことになるからである。

つまり、日本語の使役形の表現「何々させた」においては、意味的な動作の客体に焦点が当たり、主体となる行為者は省略されるか曖昧にされることになる。そこで、以下では、社会科教科書のなかで、使役形「韓国・朝鮮に何々させた」という表現の現れる個所に注目することにした。

先に考察した四つの版の同じ中学校社会科教科書のなかで、細かい文章表現を見ていくと、使役形の動詞を使った「（日本は）韓国・朝鮮に何々させた」

という表現が、1974年版以降、近代の記述において連続して使われる傾向がある。以下に、1978年版の中学校社会科歴史分野教科書から事例をあげてみよう。

・「これに対して政府のなかに、西郷隆盛らを中心として、朝鮮を武力で開国させ、日本の勢力をのばそうという征韓論がおこった。」[210ページ]（下線は筆者、以下同様。）
・「その後政府は、1875年、江華島事件がおこると、それをきっかけとして、朝鮮を開国させ、不平等な条約を認めさせた。」[211ページ]
・「さらに1910年、韓国を日本に併合する条約に調印させ、朝鮮を植民地とした（韓国併合）。」[237ページ]
・「また、朝鮮史を教えることを禁じたり、日本語を教えたりして、朝鮮人の民族としての自覚をなくして、日本人に同化させようとした。」[237ページ]
・「さらに多数の朝鮮人や、中国人までも強制的に連れてきて、ひどい条件のもとで炭坑などの重労働に従事させた。」[284-285ページ]

　これらの文は、日本の朝鮮侵略におけるキー・ポイントを表しているといえる。これらの例のなかでは、1例を除いて使役の主体である日本は省略されて、行為の客体であるところの韓国・朝鮮が強調されることになっている。省略されていない一例でも、主体は「政府」という曖昧（あいまい）な表現になっている。こういった表現は、明らかに権力関係の存在を前提として、権力をもっている側の主体の存在を曖昧にしている。つまり、この表現は、韓国・朝鮮を受動的な存在として規定すると同時に、日本の支配、侵略を自然化するという意味をもっていると言える。

　さらに、この形の表現が、1983年版の教科書まで減る傾向にないということに注目する必要があるだろう。近代についての記述（つまり、日本の朝鮮侵略についての記述）が増加する1974年以前には、この形の表現を使った記述はなかったが、1974年版4ヶ所、1983年版5ヶ所となっている。ちなみに、1983年版では、近世以前の韓国・朝鮮記述には、この表現は一切使われていないし、イギリスによるインド、中国の植民地化を表現する場合でも、

この表現は使われていない。

　このような使役形表現が、この日本の朝鮮侵略の場面で使われている理由は、当時の日本政府——教科書の中ではただ「政府」という言葉でしか表現されていないが——の行為を、批判的な視点から記述しようとしたものだと解釈することができる。このような、批判的な視点からの教科書執筆者たちの努力自体は、評価されるべきだろう。

　しかし、使役的表現を用いながら主語が省略されるために、使役を強いた主体、つまり誰が韓国・朝鮮を侵略し、植民地化したのかがはっきり言及されずに曖昧化され、逆に、韓国・朝鮮が受身的存在であるという印象を与える結果を招くということになってしまう。このような表現は、これまでの少なくない韓国・朝鮮研究者たちに指摘されてきたような、日本人の意識の中にある、韓国・朝鮮を未開発な、主体性に欠ける、劣った存在だと考える見方、イデオロギーを維持、補強してしまう可能性があると言えるだろう。

4.　結論——イデオロギーと支配の再生産

　以上の五つの分析から、1980年代半ばまでの日本の中学校社会科教科書の韓国・朝鮮記述について、次のようなことが言える。

まとめ
 (1) 中学校社会科歴史分野教科書では、70年代以降韓国・朝鮮に関する記述は全体として増加してきている。
 (2) 韓国・朝鮮の文化に関する記述は古代に偏っている。
 (3) 近代における日本の朝鮮侵略に関する記述は特に増加している。
 (4) 中学校の社会科以外の文科系の科目では、韓国・朝鮮の文化に関する記述は、皆無である。
 (5) 必ずしも高校歴史教科書の方が中学社会科教科書より韓国・朝鮮について詳しい記述をしているとはいえない。
 (6) 中学校社会科歴史分野教科書において、近代の日本の朝鮮侵略の記述で、韓国・朝鮮に対する使役表現が多用され、侵略の主体が曖昧化されるとともに韓国・朝鮮が受動的な存在として描かれている。

---

4. 結論──イデオロギーと支配の再生産

　これらの結果から、これまでたびたび朝鮮史研究者によって指摘されてきたような主体性のない、文化の遅れた韓国・朝鮮という通俗的な見方は、姿を変えながらも生き残っているのではないかということが、示唆される（例えば、姜尚中 1989 を参照）。

　このような韓国・朝鮮記述の「伝統」は、過去の日本の朝鮮植民地支配を正当化するための帝国主義的なイデオロギーが残ったものだと考えることができる。これはまた、現在においても日本人の意識の中に韓国・朝鮮に対する差別的見方が常識化して存在し続けている可能性を示しているとも言えるのではないだろうか。

　これは、ヘゲモニーという言葉を使えば、このようなイデオロギーが流通することによって、ある種の「日本人」の人種・民族ヘゲモニーを維持しているともいえる。欧米諸国では、レイシズム、すなわち人種差別主義の問題が重要な社会問題になってきた。日本では、そのような問題はないと考えてきた人もいるかもしれないが、それは間違いで、韓国・朝鮮の問題はただ、日本と非常に近いところで、姿形の非常に近い人たちを相手にして起こっていることであるがゆえに、そう感じないだけなのである。誰が異人種なのかというのは、社会的な規範であり、生物学的な根拠はないのである。例えば、アメリカ合衆国では、インド人は黒人とはみなされないが、イギリスでは黒人である。さらに、戦後、つまり韓国や朝鮮が日本の植民地支配から解放されたのち、日本政府は在日韓国・朝鮮人を突然、外国人として扱うことに決めたため、在日韓国・朝鮮人を差別し、平等な権利を保障しないということが、公然と許されてきてしまった、そしてそれが常識化してしまった。まさに日本社会がどのような人種・民族的ヘゲモニーを築いているかという問題だと言える。それは、また、在日韓国・朝鮮人に対する差別を無意識的に正当化する一方で、「韓国・朝鮮人とは違う」という言葉で「日本人」がどうあるべきかを暗に主張していることでもある。そういう意味では、このようなイデオロギーは、カッコ付きの日本人の側のナショナリスティックな感情を高めているとも言える。

ところで、日本の教科書は、検定教科書であり、文部省の検定を受けたがゆえに以上のような記述になったのも事実であろう。このような記述が教科書以外でも広く流通していることを考えてみると、原因はそればかりとは言えないのではなかろうか。教科書検定は、ある意味では異なった言説の闘争する場であると考えられるので、政府・文部省の見解が優先されるとしても、執筆者の意図が実際流通している教科書に全く反映されないというわけではない。教科書の著者たちが、韓国・朝鮮記述の問題に関しては、日本で支配的な文化ヘゲモニーに取り込まれていた可能性があると同時に、従来の通俗的な見方に疑問を抱いていたとしても、それを打ち砕くような言葉が簡単に生み出せなかった結果ともいえる。実際、近年、「近代」の記述において韓国・朝鮮記述の量が増えてきているのは、政府・文部省の国家主義的傾向に対抗して、日本の植民地化やそれに伴う侵略行為を、より詳しく記述しようとする教科書執筆者の努力の現れだと考えられる。

　ここで一つ、気をつけなければいけないのは、教科書に書かれているということが、社会的にどういう意味をもつのかということである。最終的には、それは教科書がどのように使われているのかということと深く関わってくる。教科書に書いてあったことを逐一その通りには習わなかったという人も多いだろうし、教科書に書いてあったことなど忘れてしまった、あるいは歴史の授業は、第二次大戦の前で終わってしまったという人もいるに違いない。したがって、教科書に書いてあることが、そのまま人々が常識的に知っていることだと考えるのは間違いかもしれない。しかし、教科書に書かれている知識は、特に日本では国家が公に認定した知識、正当な知識ということになり、それゆえにその社会的意味は小さくないといえる。

　最後に、断っておきたいのは、本章の中心は、あくまで、教科書をどのようにして分析したらよいのかという方法、さらにこのような文化現象をどのように考察するべきなのかという、理論的な枠組みの紹介であるということ

である。分析の結果自体は、若干古いので今、新しい教科書を含めて分析してみると、多少異なった結果が出るかもしれない。もし、記述の傾向に変化があれば、それはどうしてなのか、この調査以降の日本社会、日本と韓国・朝鮮の関係にどのような変化があったのか、考えてみることが必要であろう。

（本書は以下の論文に加筆修正したものである。井口博充 1992「教科書におけるイデオロギー――韓国・朝鮮記述を分析するための理論と方法――」『解放社会学』第 6 号。）

ボキャブラリー

イデオロギー、ヘゲモニー、選択的伝統（selective tradition）、テクスト間関係（intertextuality）、受動態化（passivization）、名詞化（nominalization）

課　題

1. コンテント・アナリシスと記号論的分析の違いについてまとめてみよう。

2. 本章で分析したのは、約 10 年前の教科書であり、現在の教科書がどう変わったのか、変わっていないのか分析してみよう。また、記述が変化していたとしたら、それはどのような政治的・社会的な要因と関連があると思うか、例をあげて、説明してみよう。

文献

バフチン、ミハイル（Michel Bakhtin）1989『マルクス主義と言語哲学』桑野隆訳、未来社。

旗田巍 1969「世界史教科書にあらわれた近代朝鮮」『思想』第 537 号。

井口博充 1992「教科書におけるイデオロギー──韓国・朝鮮記述を分析するための理論と方法──」『解放社会学研究』第 6 号。

君島和彦・坂井俊樹編著 1996『増補版　朝鮮・韓国は日本の教科書にどう書かれているか』梨の木舎。

金達寿・姜在彦・李進熙・姜徳相 1977『教科書に書かれた朝鮮』講談社。

姜尚中 1989「昭和の終焉と現代日本の『心象地理・歴史』──教科書の中の朝鮮を中心として──」『思想』第 786 号。

中野秀一郎・今津孝次郎編 1993『エスニシティの社会学──日本社会の民族的構成』世界思想社。

鵜浦裕 1998『進化論を拒む人々』勁草書房。

Hodge, Robert and Kress, Gunther［ロバート・ホッジ、ガンサー・クレス］, 1993, *Language as Ideology*, London, Routledge, 2nd Revised Edition.

Thompson, John B.［ジョン・B・トンプソン］, 1984, *Studies in the Theory of Ideology*, Cambridge, Polity Press.

Trew, Tony［トニー・トゥルー］, 1979, "Theory and Ideology at Work," in Fowler, Roger et al. *Language and Control*, London, Routledge and Kegan Paul.

Williams, Raymond［レイモンド・ウィリアムス］, 1977, *Marxism and Literature*, Oxford, Oxford University Press.

第3章　社会的言説の分析
——合衆国中学生の日本に関する言説の調査から——

　さて、本章では、社会的言説という概念とその調査の方法、分析方法を説明していきたい。基本的には、言説は、テクストからなり、言説という概念は、テクストを社会権力の在り方の問題とむすびつけることを可能にする。以下では、それについて、詳しく説明していきたい。題材は、筆者の博士論文を取り上げることにする。

　論文のタイトルは、"U.S. Middle School Students' Discourses on Japan"（Inokuchi 1997）で、日本語に直訳すれば「合衆国中学生の日本に関する言説」ということになる。始めに、この研究における基本概念である言説について説明して、続いてデータをどう集め、分析するか、など調査・研究の手順を述べていきたい。まず、第一に、「言説」という概念が重要になってくるので、この概念から説明していこう。

1.　言説(discourse)とは

　「言説」は、英語では discourse、ディスコースと言う。まず、とりあえずは、「言説」とは、あるトピックについての「お話」のことだと考えてほしい。あるいは、「言葉」のことだと考えてもよい。お話は、言葉からできている。

　ところで、この「お話」というものは、個人の発言で、その場その場で変化に富むものである一方で、究極的にはその内容は、いくつかの種類の話に、収束していく。例えば、「あなたは原発に対してどう考えますか」と問えば、人々はいろいろな理由をあげて、反対とか賛成とか答えるだろうが、その理由の内容、つまり、「お話」の内容はいくつかの種類に、大別されることになるであろう。それは、回答する人々が、社会に流通している

理由付け、つまり情報のなかから、その人が納得するものを受け入れて用いるからだといえる。つまり、私たちは、何かについて語る時、それぞれが、自由に、独自に考えて話しているように思っているわけだが、実は、社会的に存在する言葉が、私たちを通じて話し、語っているといえるのである。これは、言葉を通して、ある権力に従属していると言い換えることもできる。私たちは、普通、言葉を話すとき、自由に話しているかのように感じているわけだが、実は言葉によって、権力に絡めとられている、と考えることもできる。

言い換えれば、基本的には、私たちの使う言語自体が、社会的、文化的に、私たちの考え方や、考えの表し方を規定しているのである。日本語には日本語の文法があり、ボキャブラリーがあり、慣用表現がある。同じ内容でも、日本語で表現した時と、英語で表現したときでは、ニュアンスが違うことは、よくある。また、翻訳する時に、直訳すると意味が通じない場合も少なくない。また、社会的、文化的に存在しないものは、コミュニケーション不可能である場合もある。それは、他の言語では、そのような「お話」が存在しないからなのだ。

例えば、日本なら「柿」は説明する必要のない果物であるが、アメリカ合衆国の北部で生まれ育った人は、それ自体を見たことも食べたこともない場合が多いので、いくらpersimmonと正しく言ったとしても、それが何であるのか、どのような味がするのかなど、理解するのが難しいことが多い。つまり、「お話」が成立しないのである。近年、合衆国ではアジア食品ブームで、柿もスーパーマーケットで売られていることがあるが、お店で働く人たちで、果物の仕入れに当たっている人以外は、それが柿であることを知らないことも少なくない。実際、筆者が、ある自然食品を扱っているスーパーで、柿を買った時に、レジの人はそれをオレンジ色のトマトとみなし、ずいぶん安い値段で売ってくれた（とはいっても、そのとき、すぐに気がついたわけではなく、ちょっと安かっ

たなあ、と思った程度で、家に帰って、よくよくレシートを見てみるとレジの人がトマトと打っていたことに気がついたのである)。

つまり、私たちが、あたりまえのように思っている、柿とは何かという「お話」は、それが存在するかどうかも含めて、実は、社会的、文化的に制限されたものだというわけなのだ。言い替えれば、どのような言葉、あるいは「お話」が、存在しているのかは、社会と個人との関係を探るうえで、非常に重要な鍵となる社会的な現象であるといえる。

「言説」という概念を用いる時の大きなポイントは、言葉というものは、個人の頭の中に存在している以前に、社会的に存在しているという点である。この考えを、簡単に表現すると、「私たちが言説を作っているわけではなく、言説の方が私たちを拘束しているのだ」ということになる。これは、常識的な考えと逆である。そこが、「言説」という概念の、非常に優れているところの一つである。一般的に言って、常識に沿って考えていたのでは、常識的な答えがでてくるだけで、あまり、学問的に価値があるとはいえないだろう。コロンブスの卵ではないが、常識を破る考え方をしてみて、初めて、見えてくることも多い。「言説」という概念は、そのような常識を覆す考え方の一つだと言えるだろう。

では、次に、筆者が博士論文執筆のために行った調査について述べていきたい。

2. 合衆国中学生の日本に関する言説の研究
U.S. Middle School Students' Discourses on Japan

■研究の動機

まず、研究を始めた動機について簡単にふれておこう。筆者は、もともと、人種・民族の問題に、関心があった。修士論文では、在日韓国・朝鮮人青年のアイデンティティの形成の問題を研究した。その後、アメリカ合衆国に留学し、新しい理論や方法を学んだのだが、そのなかの一つが、コミュニケー

ション研究のアプローチだった。現在、日本で、カルチュラル・スタディーズという分野として、注目され、紹介されつつある研究分野である。

　この分野では、人種や民族の問題、特に社会的差別の問題を考えるには、それぞれの人種や民族の「実態」を調査するよりも、そのような人種や民族が支配的な集団からどのように「見られてきたのか」という「意味」を重視するところにその特徴がある。つまり、白人とアジア人の関係を考える際に、アジア人とは実際にどのような人たちでどのような生活をしているのか、ということよりも、白人がアジア人をどのような存在だと考えてきたのか、ということを研究してみる方が重要なのだ、ということになる。もちろん、筆者は、合衆国ではアジア人の1人であり、合衆国での、差別問題に非常に敏感にならざるを得ない状況であった。そのようなわけで、合衆国社会の日本観・日本人観を分析してみるのは、とても魅力あるプロジェクトだと思ったので、博士論文のテーマとして取り上げることにしたのである。

　では、次に、データを集めるために行った調査について、簡単に、説明しよう。

■調査の概要

　実際の調査は、1991年秋から1993年の春にかけて、約2年に渡って、アメリカ合衆国中西部にある、三つの中学校の生徒を調査した。これは、質的調査の一つだと言える。「学校」という社会的場面を利用したエスノグラフィーを用いた調査の一つである。

　合衆国社会は、人種や社会階層などの違いによって、地域のようすに違いが見られる。もちろん、このことは、合衆国に限ったことではなく、日本でも同様である。貧しい地域もあれば、豊かな地域もある。田舎もあれば、大都市もある。この調査では、合衆国社会の中の複雑さを、調査にも反映させる必要があると考え、かなり環境の異なる三つの中学校を調査の

フィールドとして選んだ。社会学的には、階級、人種、性別、といった社会的なカテゴリーを反映した調査を行うことが重要なのである。もちろん、こういったカテゴリー全てをカバーした調査ができるとは限らないが、どのような調査を計画するかは、非常に重要である。

　さて、調査対象にしたのは、主に7年生の子どもたち、日本で言うと、中学1年生の子どもたちである。なぜ7年生を選んだのかというと、カリキュラムの関係から、7年生は、まだ「日本」について教わっていないからである。つまり、学校で教わる知識以前に、子どもたちがどのような知識をもっているのかがわかることになる。さらに、筆者が、子どもたちに日本のことを教えてみて、その記録をとってみようとも計画していた。調査には、社会の授業を教えている先生たちに協力を求めた。近年のエスノグラフィーでは、調査対象となる人々の人権やプライバシーを護るため、個人名や学校名を仮名にするのが普通である。筆者の場合も、それぞれの学校をグリーンフィールド校、ベリー校およびオレンジ・シティ校と呼ぶことにした。次に、三つの学校のようすを簡単に説明しよう。

　まず、グリーンフィールド校である。グリーンフィールド校は、農業地帯の真ん中の、小さな町にある学校である。町の外には、とうもろこし畑や、リンゴ農園があり、農道をトラクターやトラックが行き交っている。家畜を飼っている農家も多い。子どもたちの家庭は必ずしも豊かではない。小さな農家が多いからである。それでも、非常に貧しいというわけではなく、アメリカの昔のおもむきを残した、田舎の町だといえる。ただし、このごろ、少し開発の波が押し寄せてきて、近くの大都市から人々が移り住んで来るようになった。グリーンフィールド校の生徒は、ほとんどが白人である。

ベリー校は、州都の近郊の町にある学校で、官庁で働く職員やビジネスマンなどのホワイト・カラーの親が多く、比較的経済的には、恵まれた地域である。学校も住宅街の中心に位置している。この学区では、夏休みには、州都にある州立大学が子どもたちを集めて子どもの興味を引くような講習プログラムを実施していて、子どもたちは知的な刺激を受ける機会も多いようであった。生徒は、人種的には主に白人で、非白人の子どもが少数いた。

オレンジ・シティ校は、都市の中心部にある学校で、経済的に貧しい家庭が多く、非白人が多数派の学校である。この都市では、裕福な白人がどんどん郊外の学区へ引っ越していってしまうため、中心部には貧しい非白人（黒人、ヒスパニック［メキシコ系、プエルト・リコ系の人々］、難民として来たインドシナ系［特にラオスのモン族］の人々）が集中してしまうということが問題化していたので、中心部に特色のある学校を建てて、生徒を集めようという目的で建てられた。この学校は、大通りに面している病院の建物を改装した新しい学校で、その特色として「グローバル教育」をうたっていた。しかし、学校の近所は、空き家なども多く、さびれた印象で、町を歩く人も経済的には貧しいようであった。犯罪を恐れて、近くに住む生徒もバスで通ってくる者が多いという話も聞いた。

さて、調査では、生徒に作文を書いてもらったり、社会科や他の科目の授業を観察に行ったり、生徒にインタビューしたり、教室で生徒に日本に関するビデオを見せたりもした。このように様々な活動のなかで、生徒の日本に関する言説を集めようと試みたのが、一番まとまった形で、データとして整

理できたのは、学校訪問の最も初期の段階で集めた生徒の自由作文である。できるだけ自由に、日本について知っていることを書いてもらったものである。

もちろん、博士論文のなかでは、インタビューなど他のデータも分析しているが、以下では、生徒の作文に現れた言説の分析について、詳しく検討していきたい。では、まず、先ほど少し説明した言説という概念が、筆者の論文で、なぜ、有効であったのかという点について、述べていこう。

2.1. 理論枠組みとしての「言説」

筆者が、理論枠組みとして言説という概念を用いた理由は、このような研究で、従来からよく使われてきた「偏見」という概念は、社会の権力関係を考えるのには、あまり有効な概念ではないからである。日本や日本人についての個人的な意見が、現実の日本や日本人に当てはまらない時、よく、「あれは個人的な偏見だ」と言うわけだが、日本に関するある種の見方は、調査した中学生が、たまたま個人的にもった偏見なのではなく、ある社会的条件のもとで、すでにアメリカ社会の中に蓄積された情報を、生徒たちがその状況に応じて使ったというふうに考えたほうが、より社会学的なアプローチだからである。

このように考えると、生徒一人ひとりが本当に何を考えているのかという問いは、あまり重要な問題ではなくなってくる。というよりも、厳密には、「本当に」何を考えているのかということは、知ることができないものなのである。知ることのできないものを、研究の対象にすることはできない。それでは、知ることができるものは何かというと、それは、生徒によって用いられた言説が何であったか、ということなのだ。つまり、社会がどのような言説を流通させており、生徒たちがその中からどれを選択し、記述したのか、ということなのである。

もちろん、同じような言説も個人によって表され方に差があるのは確かだが、言説という理論枠組みでは、個人として偏見をもっているかどうかは、

問う必要がない。「偏見」にみちた言葉を、個人的なものではなく、ある種の言説に参加するという、社会的、権力的なものだと考えるからである。簡単に言えば、言説は、個人的なものではなく、社会的、政治的、権力的なものである。この場合、言説という語句を、言葉に置き換えて、「言葉は、個人的なものではなく、社会的、政治的、権力的なものである」と考えてもかまわない。

　現実問題として、文化的マジョリティ（多数派）に属する人間が常識だと思ってしゃべったり、書いたりしたことが、文化的マイノリティ（少数派）の側から見ると偏見以外の何ものでもないというケースは、合衆国に限らず、日本でもよくあることである。日本でも、石原東京都知事の「第三国人」発言が問題となったが、まだ在日外国人を犯罪者の予備軍のように見なすような発言がなされるケースが、後を絶たない。石原知事には、一連の女性差別発言もある。もちろん、このような発言は社会常識（および人権意識）に欠ける発言であるが、ただそのように指摘するだけでは、まるで、その発言をした人が、ただ社会常識に欠けていただけのことになってしまう。もちろん、それ自体はそれで問題であるが、社会学的に重要な問題は、そのような言説が、どのような社会の権力関係を維持しようとしているのか、というような点を検討してみる事の必要性なのである。そういう意味では、このような問題は、個人の意識レベルの問題を越えた問題なのだと言えるだろう。

　先に述べたように、筆者の調査では、自由作文は生徒に自由に書いてもらった。もちろん、中学生が話した言葉を録音して、テクスト化するために、授業のビデオなども撮ったのだが、学校という限定された状況や研究の時間的な問題および方法的な問題があり、結果としてビデオは、かなり処理するのが難しかった。その代わりに、非常に面白い分析をすることができたのが、生徒に書いてもらった自由作文だった。自由作文の分析のほうが、データの処理方法としては、ずっとシンプルだったにもかかわらず、理論的には深みのあるものとなった。研究の対象となった子どもたちの場合、様々なメディ

アや両親や親戚、地域の人々とのコミュニケーションを通じて、日本に関するある種の言説を、知らず知らずのあいだに、身に付けたのではないかと考えられる。自由作文はそのような社会に蓄積された言説を採取するのにふさわしい方法だったのである。

では、以下では、子どもたちの言説における、一番大きな特徴から説明しよう。それは、「他者化」と呼ばれる概念である。まず、他者化という概念を理論的に説明したい。

2.2. 他者化（Othering）

他者化のことを、英語では、アザリング othering と言う。他者（other）とは、端的には自己ではない存在のことだといえる。他者化とは、特定の集団、多くの場合、社会的弱者を、差別するような働きをする権力作用のことで、多くの場合、言語や視覚的イメージを通じた表現のなかで、その集団に属する人々を、自分とは、異なった種類の人間とみなすことを指す。他者化言説のなかでは、それらの集団に属する者は、その社会の主体的な行為者ではなく、あたかも正式メンバーとして存在しないがごとく描かれるか、型にはまった「悪役」や「引き立て役」として表現されることになる。簡単に、要点をあげておこう。

他者化
　(1) 他者とは自己ではないもの
　(2) 他者化は権力作用である
　(3) 言語や視覚的イメージを通じた表現のなかにみられる

この「他者化」、アザリングという言葉は、日本語としては、少し、耳慣れない言葉だと思われるが、近年、英語圏の社会学的文献では、頻繁に現れる言葉である。

さて、他者化は、人間社会では、よく見られる現象である。簡単な例とし

ては、日本社会で、外国人のことを「ガイジン」と呼ぶことなどが、あげられる。「ガイジンさん、日本語がお上手ですね」などという、よく使われる表現がある。この言葉は普通、なんとなく、常識的に使われている。でも、ちょっと考えてみてほしい。例えば、10年間も日本に住み、日本の会社で働いている外国人が、このように言われたら、どう思うであろうか。「もう10年も日本に住んでいるのに、まだ平等な人間として取り扱ってくれない」と憤慨するか、あるいは、「もう10年も日本に住んでいるのに、いまだに自分の日本語は日本人並みじゃないのか」とがっかりするのではないだろうか。つまり、この言説では、「ガイジン」は、短期的な「お客さん」であり、日本人と同等ではないことを意味している。さらに言えば、このような言説は、「ガイジン」を、同様な取り扱いや権利を要求しない限りで、日本にいることが認められる存在だと考えているといってもよいだろう。

　だいたい、外国人であるから、日本語がじょうずに話せないというのはステレオタイプであって、必ずしも事実ではない。日本生まれ、日本育ちの韓国人や中国人も少なくないし、国籍が日本人だって、日本語でうまく話すのが苦手な人も少なくない。反対に、国籍が日本でなくても、日本語が第一言語である人々もいれば、日本語が第二言語であっても、勉強して、とても流暢に話すようになった人もいるのである。バイリンガルになる人もいる。

　このように、現実には、様々な人が存在するにもかかわらず、「ガイジンさん、日本語がお上手ですね」という言説をもっともだと受け入れることは、ある集団のメンバーとそれ以外を分け、他者を排除していくという働きをすることになる。そして、「ガイジンさん」というカテゴリーに入れられた側は、その社会にメンバーとして参加しているはずなのに、そのなかでは自分の肯定的なアイデンティティ、つまり、その社会での存在意義を確認することが困難になってしまうことになる。それは、簡単に言えば、抑圧を受ける、差別されるということである。

　さらに、他者について表現することは、自己を表現することの裏返しだ、

という点に注意しておくことが重要である。先ほどの「ガイジンさん」の例で、考えてみよう。「ガイジンさん」が日本語がうまく話せないことが普通だ、あるいは日本文化を身に付けていないことが普通だと見なすということは、それは、日本人なら日本語がうまく話せることが普通で、日本文化を身に付けていることが普通だということを、暗に意味しているといえるだろう。つまり、逆に言えば「ガイジンさん」とはどんな人かと定義することによって、普通の日本人とはどんな人かを定義することになるのである。そのような定義は、そのような特徴をもっていない日本人にとっては、抑圧的に作用することになる。「お前は、ガイジンみたいだ」というセリフがどのように使われるのかを見れば明らかだろう。つまり、日本語が上手に話せない人や日本の文化的な規範に合わない人は、日本人ではない、というように、差別、排除されることになる。これは、平等で、公正な社会をめざす、という原則に反するといえるだろう。この点を、まとめておこう。

他者化の効果
(1) 他者について表現することは、自己を表現することの裏返し
(2) 他者を定義することによって、自己の属する集団の規範を定義することになる
(3) 他者化によって、ある種の社会統制がおこなわれる

このように、他者化とは、他者を差別するだけではなく、自己の属する社会のコントロール、権力作用として働くことになる。

先に少し述べたように、「他者化」として作用するような言説は、私たちの身近なところにも多く存在している。また、別に、日本だけに特有というわけではなく、どのような国々、地域にもあることだといえる。筆者の調査でも、アメリカ合衆国の中学生の書いてくれた「日本」に関する記述のなかにも頻繁に現れている。つまり、他者化という現象は、我々が、平等で、公正な社会をめざすために、乗り越えなくてはいけない壁のようなもので、社

会学的に研究してみる必要のある現象だと言えるだろう。

　では、実際に、以上のような他者化言説が、合衆国の中学生の記述する「日本」をめぐる言説のなかに、どのように現れたかについて、述べていくことにしたい。

2.3.　合衆国中学生の語る「日本」と他者化言説

　他者化という理論枠組みから検討すると、合衆国の中学生が、日本について何かを語る場合、暗に、自分たちと比較して、どのように違っているのかを強調することになる。自分たちの規範を示すということなのである。実際、生徒たちの記述を通じて、最も頻繁に見られる日本に関する言説は、日本と日本人の他者性について述べるものであった。例を、一つあげてみよう。

Speak different than us. Write different than us. Different schools than us. Eat different food, pockei [sic, confectionery], sushi. They read different than us. (グリーンフィールド, 1992-93)

　この例は、グリーンフィールド校で、1992～93年に得たデータの一つである。この文章は、中学生の書いたものをそのまま引用している。文法的な間違いもそのままになっている。「間違い」は、筆者の研究目的からは重要な問題ではない。なぜなら、英語の出来、不出来を調査しているわけではないからである。さらに、ふつう、「間違い」とみなされるような記述内容も出てくるわけだが、それも、筆者の研究目的からすると、あまり重要ではない。分析過程では言説の「真偽」の問題を一時棚上げしておくからである。このようなテクストを分析する場合、調査者ができる限りデータの内容をあまり改変しないことが、望ましいので、これらの「間違い」もそのままにしておく。重要なのは、そのような言説がどのような効果を生んでいるのかを分析することなのである。

　さて、生徒の文章は、手書きで、多くは箇条書きにはなっておらず、分析

のために、句読点もないものもかなりあったが、まとまりごとに、区切ってみたい。先の例をほぼ1文ごとに、分けて見ていくことにする。

---
(1) Speak different than us. ［我々と違ったふうに話す。］
(2) Write different than us. ［我々と違ったふうに書く。］
(3) Different schools than us. ［我々とは違った学校。］
(4) Eat different food, pockei [sic, confectionery], sushi.
　　［違った食べ物を食べる、ポッキー、すし。］
(5) They read different than us. ［我々と違ったふうに読む。］

　もう気付かれたと思うが、different という表現が、頻繁に出てくる。つまり「日本、あるいは、日本人は、『我々』とは違う」ということである。「言葉も違えば、使っている文字もちがう。学校の様子も違えば、食べ物も違う。本の読み方も違う」ということなのである。このように言ったとき、暗に提示されているのは、自分たち（アメリカ人）の規範なのである。つまり、アメリカ人は英語を話し、書き、読む。アメリカ人は、すしとか、ポッキーとかは、普通食べないということを意味している。この例では、どのような学校かについて述べた言説は現れなかったが、似たような例では、アメリカの学校は、日本の学校より、規律がゆるやかで、自由だというような言説が、頻繁に現れる場合もある。つまり、これは「彼ら＝日本人」が「我々＝アメリカ人」といかに異なっているのかを強調する言説なのだといえる。このような他者化言説は、三つの学校のどこでも、よく出現した。

　もう一つ、例をあげてみよう。オレンジ・シティ校で得た、1992～93年の調査からの例である。

They talk different. They eyes are tight. They eat with chopsticks. Most of them know good Kung Fu. Different Hair. Hard to learn English. (**オレンジ・シティ 1992-93**)

---

1 文ごとに、区切ってみる。念のために訳も付けておこう。

---

(1) They talk different.［彼らは、異なって話す。］
(2) They eyes are tight.［彼らの目は細い。］
(3) They eat with chopsticks.［彼らは、食べるのに箸を使う。］
(4) Most of them know good Kung Fu.［彼らのうちの多くが、カンフーが得意である。］
(5) Different Hair.［異なった髪。］
(6) Hard to learn English.［英語を学ぶのは難しい。］

　この例の中にも、先ほどの例と同じような言葉がでてくるのに、気づかれたであろう。生徒は、言語が違う、食べ物をどう食べるか（日本人は箸を使って食べる）ということが違うと記している。さらに、これを書いた生徒は人種的特徴をあげている。目のかたちとか、髪の毛がちがう、などの特徴である。このような話題は、合衆国では、人種差別を喚起するので普通、常識的な会話では避けるが、作文の中には現れてくる。さらに、日本人が英語を学ぶのは難しい、ということも述べている。

　どうして、このような言説が問題なのか、という人もいるかもしれない。例にあげたような文章は、ある程度、日本に関する真実を伝えているのだから、問題ないのではないかと。確かに、多くの日本人は日本語を話し、それは合衆国の人々が一番普通に話している言語、つまり英語とは異なった言語である。日本人は、寿司を食べるし、箸も使えることが多いといえる。しかし、先ほどの、他者化の言説を思い出していただきたい。全ての日本人が、日本語を話し、箸を使って食べ、寿司が好きとは限らない。つまり、この言説では、日本、および、日本人の多様性が、すっぽりと、抜け落ちてしまうことになる。

　同時に、他者化言説が、自己の社会の規範を語るものであることも、思い出してほしい。子どもたちは、日本を語ることによって、「アメリカ」の規範を語っているということになるわけだ。そういう観点から考えると、この言説が、問題をはらむものであることに、気がつくであろう。

アメリカ合衆国のなかでも、英語以外の言語を話し書き、主流文化とは異なった食べ物を食べている人々もいる。スペイン語を話す人々もたくさんいるし、肉やハンバーガーを食べない人も少なくない。主食が米の人々も多く、寿司が大好きという人々もいる。人種的にもいろいろな人々がいる。「規範」からはずれる人々を、この言説は排除しているといえるのである。

簡単に、要点を、おさえておこう。

---
(1) 他者化言説は、自文化中心主義に結びつく
(2) 言説を分析することによって、社会がどのように、人々の意識の上でコントロールされているかを知ることができる

ここまでで取り上げた他者化は、筆者の調査に現れた合衆国における「日本」についての言説の大きな特徴の一つであった。以下では、さらに戦争言説、つまり太平洋戦争というサブ・トピックを中心にとりあげて、より詳しく、具体的にパール・ハーバー、ヒロシマといった出来事についての言説を見ていくことにする。その前にまず、言説分析という方法について、少し説明をしておきたい。

3. 言説分析（Discourse Analysis）の方法

まず第一に、言説には「トピック」、つまり、「話題」がある。分析する際には、言説が、どのような話題について述べているのか、押さえておく必要がある。前章で取り扱ったのは、「日本」に関する言説である。そこでは、「日本」という話題が、言説のトピックであるということになる。筆者の調査では、「日本」に関する言説は、さらに、「戦争」「生産・経済」「教育・学校」などのサブ・トピックに分けてみることができる。以下では、その中から「戦争」というトピックを扱うことにする。このトピックを、さらに、小さいトピックに、分けて考えることもできる。例えば、戦争というトピック

の中では、「パール・ハーバー」、「日米友好」、「ヒロシマ」という三つのサブ・トピックがあり、以下で、述べるのは、「パール・ハーバー」言説と「ヒロシマ」言説である。

　第二に、言説には、言葉が語られる立場というものがある。言説分析で重要なのは、語る立場の違いに注意し、言説が、誰の立場から語られているかを考察することである。多くの場合、文章の主語になっている言葉が、言説を語っているのが誰であるかを、示唆している。例えば、「アメリカは原爆を投下し、広島を破壊した」というのと「広島では、原爆により多くの市民が犠牲になった」というのでは、明らかに言説を語る立場は、異なっている。最初の文が、アメリカの立場、2番目の文が広島の市民の立場だということができるであろう。

　注意してほしいのは、実際にその言説を話している人の立場が、言説に内在する語りの立場と、必ずしも、一致しているとはいえない点である。アメリカ合衆国の人でも、広島の原爆被害者の立場に立つ言説を話すこともあれば、日本の人々の中にも、アメリカの立場から原爆について語る人もいる。したがって、誰が、どのような言説を語るのか、そこにどのような矛盾が存在するのか、といったことを考察することは、非常に重要な分析の視点だといえる。

　第三に、どのような言説も、価値判断がつきまとってくる。つまり、イデオロギーを含んでいるということである。ここでは詳しくは述べないが、イデオロギーのない言語行為はありえない。物事を言語化するという行為が、そもそもイデオロギーなしにはできない。例えば、「アメリカは原爆を投下し、広島を破壊した」というような、一見、事実を伝えているだけのように見える文章にも、イデオロギーが存在している。まず、原爆投下の主体は、アメリカというように抽象化されており、アメリカ国内での、原爆投下に反対する人々がいたことを無視している。また、広島を破壊した、というのは、何か、広島というモノを破壊しただけのように聞こえる。実際には、原爆で多くの人々が殺されたのだということを、この文章は明示

していない。

　さらに、問題なのは、この文章が、単に「客観的事実」を伝えているだけ、というように見えることである。イデオロギーは、ほとんどの場合、自らをイデオロギーだと称することはない。人々が、常識的な話、分かりやすい話、「客観的事実」だと主張する言説、単純化された話に、ついついのってしまう、ということも少なくない。人々とイデオロギーの関係は、人々がイデオロギーを押し付けられているというよりは、人々が、ついつい、ある種のお話しに誘われてしまう、言説にのってしまう、というように考えた方が、よいのではなかろうか。

　第四には、それぞれの言説には、それを特徴づける語彙や言葉の使い方があるといえる。言説は、物語と異なって、必ずしも、始めから終わりまで、ひと続きのお話として出てくるわけではない。どちらかというと、言説という概念が説明するのは、私たちの日常会話に見られるような、断片的で、すぐに、次のトピックに移っていくような形態での言語的行為である。そのような状況で得られるデータを分析するには、ある言説の存在を示す、特徴的語彙や、言葉の使い方に注意する必要がある。例えば、「パール・ハーバー」という言葉が出てきたときに、私たちは、「パール・ハーバー」言説が出てくるのではないかと予期することができる。

　また、同じ内容を意味する文でも、特定の言葉を使うことによって、そのニュアンスは、大きく異なってくることになる。例えば、「日本がパール・ハーバーを爆撃した」という代わりに、「彼らがパール・ハーバーを爆撃した」とすると内容は同じかもしれないが、爆撃の主体として「彼ら」という「我々」の対となる語を使うことによって、他者化という働きを促進した文になる。このような文に出会った際には、そこに他者化言説があるのではないか、と注意してみる必要があるといえる。

　以上のことをまとめておこう。

言説分析
　(1) トピック
　(2) 誰の立場から語っているか
　(3) イデオロギー
　(4) 言説を形成する特徴的な語彙とその働き

　では、具体的に、中学生の語る「日本」に関する言説のなかから、特に、「戦争」に関するものを取り上げて、分析してみよう。つまり、トピックは、「日本」で、その中でも、「戦争」というサブ・トピックを扱うことになる。まず、始めに、紹介するのは、「パール・ハーバー」（Pearl Harbor）という語彙の現れるものである。筆者は、これを「パール・ハーバー言説」と呼ぶことにする。

4.　戦争言説（The War Discourses）

　以下で述べる「戦争」とは、アメリカ人にとっては1941年12月7日（日本では8日）に始まった「太平洋戦争」のことである。調査した中学生の多くが、戦争について触れていたわけではない。つまり、戦争というトピックは、データの数の上から見れば、必ずしも、他のトピックに比べて特に頻繁に現れるものだとはいえない。しかし、「戦争」は、英語では、よく、比喩的に、他の国際的な関係を表すのにも使われている。例えば、経済領域において「貿易戦争」（trade war）とかいう言葉を聞くことも少なくない。つまり、この「戦争」をめぐる言説は、合衆国と日本の関係を語る際の、基本的なメタファーであると言えよう。

4.1.　二項対立（binary opposition）

　ところで、「パール・ハーバー」言説に入る前に、一つ他者化について付け加えて説明しておきたい点がある。「二項対立」という概念である。前に見たように、「我々」対「彼ら」という二項対立のカテゴリーを設定することが、他者化の特徴の一つであることに注意してほしい。「二項対立」とい

4. 戦争言説 (The War Discourses) 77

う言葉は聞きなれない人もいるかもしれない。ここで、簡単に定義しておこう。

二項対立

二項対立とは、物事を、AかBのどちらかに分ける考えかたである。Aでないものは、Bだということになる。物事は、全て、AかBのどちらかに、分類されるという考え方である。

さて、いったん、基本的な二項対立が確立されると、「善い」「悪い」、「正しい」「誤っている」、「慣れ親しんだ」「変わった」というような価値判断を含む、新たな二項が簡単に付け加えられることなる。

4.2. 「パール・ハーバー」言説 (The Pearl Harbor discourse)

様々な戦争に関係した文の中では、「パール・ハーバー」(Pearl Harbor) が最も頻繁に現れる語彙である。生徒自身はもちろんのこと、彼らの両親でさえ、ほとんどの場合、実際にこの出来事が起こったときには生まれていない。実際には、彼らの祖父母さえほとんどの者が成人になっていなかったはずなのだ。にもかかわらず、生徒たちはあたかもその出来事をよく覚えているかのように表現している。

さて、パール・ハーバーという出来事に触れた文章は、単純なものが多く、普通その出来事が起こった背景の歴史的詳細については全く触れない。つまり、ある日突然起こった出来事であるかのように描かれている。例をあげてみよう。

The Japanese people bombed Pearl Harbor. Japan is located in Asia. Japan is a island. They speak funny. They think they are smarter than us. The capital is Tokyo. They write funny. They eat raw fish. They know Martial Arts. (グリーンフィールド 1991-92)

例文を分析のために、1文ごとに、区切ってみると次のようになる。

---

(1) The Japanese people bombed Pearl Harbor.［日本人が真珠湾を爆撃した。］
(2) Japan is located in Asia.［日本は、アジアに位置している。］
(3) Japan is a island.［日本は島である。］
(4) They speak funny.［彼らは変なふうに話す。］
(5) They think they are smarter than us.［彼らは、彼らが私たちより賢いと思っている。］
(6) The capital is Tokyo.［首都は東京である。］
(7) They write funny.［彼らは変なふうに書く。］
(8) They eat raw fish.［彼らは生の魚を食べる。］
(9) They know Martial Arts.［彼らは、武術を知っている。］

　最初の、The Japanese people bombed Pearl Harbor、つまり日本人が真珠湾を爆撃したという1文が、筆者が、パールハーバー言説と呼ぶものの基本的な形である。

　さて、このパールハーバー言説が、どのような役割を果たしているか、考察してみよう。先の例では、言説は冒頭に現れている。冒頭に現れることによって、「パール・ハーバー」という言葉は、それ以降に書かれるものごとを「敵」イコール日本人と、「味方」イコール「アメリカ人」という二項対立の両極に分ける働きをしている。それは、即座に、私たちの頭の中に、国と国との間の境界を築き上げる。つまり、日本人と「アメリカ人」を、自動的に、国家によって分けるということになる。私たちは、その国境線が、あたかもそれが当然であるかのように、思わされるわけだ。「彼ら」対「我々」、あるいは、「日本」対「アメリカ」という二項対立的関係がつくり出される。つまり、このような言説は、ナショナリズムの形成に、非常に深く関わっているといえるだろう。言い換えれば、パールハーバー言説は、ナショナリスト言説だともいえる。

　ここでの、二項対立を整理してみる。

---

they 対 we
them 対 us

彼ら対我々
日本対アメリカ合衆国

　パールハーバーという言葉をもってくると、この関係を作り出すのが、非常に簡単なのである。つまり、パールハーバーという言葉は、非常に政治的な働きをする言説なのだと言える。

　ここで、注意しなくてはいけないのは、このような「我々」と「彼ら」という二項対立的表現を用いた、ナショナリスト言説は、いくつかの望ましくない結果を招く、という点である。まず、第一には、"us"と"them"というそれぞれのカテゴリーの中で、そのカテゴリーに含まれる人々を同質なものとして設定することとなるために、その国の国家とそれに属する人々を区別することが困難になってしまうということである。日本人なら戦争に反対した者も含めて「敵」となってしまう。少し考えてみれば、国家と個人は別であることがすぐわかる。にもかかわらず、この言説では、同じものとされてしまいがちになる。

　さらに、2点目として、2国間の戦争は、二つの国の全ての人民同士の戦争だとみなされることになってしまう。このような構図の中では、「敵」はすぐに人間として扱われなくなり、「敵」の戦争犠牲者の生活を想像することは困難になってしまう。

　また、パール・ハーバーの描写に関わる表現の中での文法的な主語は、アメリカ人を指す"us"にしても、日本人を指す"them"にしても、どちらの場合も、特定の対象を指さない代名詞として使われていることが見受けられた。特定の人々を指さない形で、「彼ら」や「我々」が使われている。つまり、「彼ら」や「我々」によって指されているものは、抽象化されているといえる。例をあげてみよう。

Capitol-Tokyo. High school graduates there smarter than college graduates here. They bombed Pearl Harbor. We destroyed Hiroshema **[sic]**. Never allowed people into their country. Island nation. （グリーンフィールド1991-92）

1 文ごとに、区切ってみる。

---

(1) Capitol-Tokyo.［首都―東京］
(2) High school graduates there smarter than college graduates here.
　［そこの高卒はここの大卒より頭がいい。］
(3) They bombed Pearl Harbor.［彼らは真珠湾を爆撃した。］
(4) We destroyed Hiroshema [sic].［我々はヒロシマを破壊した。］
(5) Never allowed people into their country.［彼らの国に人々を決して入れない。］
(6) Island nation.［島国］

　このように、"them"や"us"を使うと、それぞれの範疇に、誰が入るのが抽象的になってしまう。つまり、「彼ら」あるいは「敵」とは、誰なのだろうかというような思考を停止し、ある意味で、モノのようにみなすという効果を生むことになる。具体的な人々をイメージできなくなってしまうのである。この例では、パール・ハーバーのような戦争のよく知られた出来事について、誰が我々で誰が彼らであるのかという疑問を差し挟まずに、"us"や"them"を使っている。つまり、ここでは「パール・ハーバー」という言葉は、「彼ら」「日本人」と「我々」「アメリカ人」を抽象化する、あるいは、物象化することによって、国と国との境界を補強するという働きをしているということになる。

　戦争に対するこの言説のもう一つの重要な特徴は、合衆国の日本爆撃、特に原爆の投下が非常にしばしばパール・ハーバーと並んで、因果関係のように書かれていることである。合衆国の原爆投下は、あたかも日本の真珠湾攻撃の必然的な結果であるかのように表されている。もう一度、先ほどの例に戻って、3番目と4番目の文を見てみよう。二つの文は、接続詞でつなげられてはいないが、順次的に理解すれば、彼らが、パール・ハーバーを攻撃したから我々はヒロシマを破壊したと読むのが妥当である。

　このように「ヒロシマ」と「パール・ハーバー」が因果関係として表されるという現象は、アメリカの太平洋戦争についての、広く広まっている支配的な物語が存在していることを示唆している。それは、この戦争が「悪い」日

本人が真珠湾を攻撃することによって始まり、「正しい」合衆国が広島に原爆を落とすことによって正義が回復されて終わるという教訓的な物語を形成しているのだといえる。これは、ナショナリスト物語と呼ぶことができる。「パール・ハーバー」のような言葉は、ナショナリスト物語を構築する上で、重要な働きをしていると考えられる。

　ちなみに、現在、私たちは、21世紀の人類の課題として、偏狭なナショナリズムをどう乗り越えるかという問題を抱えているが、その問題を考えるために、言説という概念は欠かせない。ナショナリズムというのは、人々がもつ意識の一つだと考えられるが、それは、ナショナリスト物語を通して作られている。ナショナリズムというのは、人々が生まれた時から身に付けている意識ではない。また、自然に身に付けるわけでもない。多くの場合、それぞれの国において、権力をもつ人々が、ナショナリスト物語を、積極的に流通させることによって、人々が、あたかも、「自然」であるかのように、身に付ける意識なのだといえる。

　では、以上のような、パールハーバー言説の特徴を、まとめてみよう。

(1) 国家とそれに属する人々を区別することを困難にする。
(2) 「敵」を人間として扱わなくなる。
(3) 「彼ら」と「我々」を抽象化する、あるいは、捨象化する。
(4) 自分たちが正義であるとする、ナショナリスト物語を形成する。

　このように、言葉の働きというのは、私たちの意識を形成する上で、非常に威力があるものである。

　さて、子どもたちの記述の中には、パールハーバー言説とは異なる、戦争の言説も現れてきた。次の節では、そのうちの一つ、広島／長崎への原爆投下をめぐる言説を紹介したい。筆者が、「ヒロシマ」言説と呼んでいるものである。

4.3. 「ヒロシマ」言説 (The Hiroshima discourse)

　筆者が調査したなかには、合衆国による日本の爆撃、そして特に広島、長崎の原爆投下による日本人犠牲者について記述した生徒もいた。このトピックに関して、生徒によって使われた言葉には、以下のような形式のものがあった。「日本を爆撃し、皆が傷ついたり、殺された」、「多くの日本人が原子爆弾による病気のために死んだ」、さらに、「人々は原子爆弾から出た光線のために今でも死につつある」というものである。

　要するに、この言説の基本的な話の筋は、日本の人々は合衆国の爆撃、特に原爆の投下と原爆症によって、殺されたり死んだりしているというものである。この特徴をはっきりと表現しているのは、次のような例である。

I know industry cars to be specific is very big there. I know the [sic] we the United States dropped an atom bomb on Hiroshima, because of that tragedy many people of years to come got a desease [sic] called lukemia [sic]. I also know that oragami [sic] comes from Japan, it is my favorite hobby. I can make things like flowers and frogs. I think Japan is a very fastinating [sic] place and hope to go there soon. （オレンジ・シティ 1991-92）

　1文ごとに、区切ってみる。

---

(1) I know industry cars to be specific is very big there. ［私は、そこでは自動車工業が特に大きいということを知っている。］

(2) I know the [sic] we the United States dropped an atom bomb on Hiroshima, because of that tragedy many people of years to come got a desease [sic] called lukemia [sic]. ［私は、我々アメリカ合衆国が原子爆弾をヒロシマに投下したその悲劇のために多くの人々が何年にもわたって白血病という病気になったということを知っている。］

(3) I also know that oragami [sic] comes from Japan, it is my favorite hobby. ［私は、折り紙が日本から来たことを知っている、それは私の好きな趣味である。］

(4) I can make things like flowers and frogs. ［私は、花やカエルなどが作れる。］

(5) I think Japan is a very fastinating [sic] place and hope to go there soon. ［私は、日本はとてもすばらしい国だと思っているので、早くそこに行きたいと思う。］

4. 戦争言説（The War Discourses）　83

　この記述では、2番目の文で「原子爆弾」に言及している。この文では、"we"は「合衆国」（the United States）を指しているが、そこでは爆弾の犠牲者たちが「人々」（people）と表現されていることが注目される。これは、パール・ハーバー言説の中の出来事の描写、例えば「彼らは真珠湾を攻撃した。我々は広島を破壊した」という1文と比べると、際立った違いがある。パール・ハーバー言説と比べると、この例の中の視点（目の位置）からは、原爆の犠牲者たちが視野に入ってきている。この立場は、（国家に対する）「人々」のもので、国民国家の中での人々、国民国家を超えた人々のものだといえるだろう。つまり、合衆国においてヒロシマ言説は、ナショナリスト言説を乗り越える可能性をもっているといえる。

　また、合衆国の中学生がこのような言語を話すということは、人々が、ある程度、一つの体験を異なる立場から見ることができるということを示している。つまり、「戦争」という出来事を、双方の側から見ることができる位置へ、人々の視点の位置が、移動したことを示していることになる。もちろん、この視点の位置の移動は、頭の中で、つまり、想像の中で、起っているのである。このような、想像の中で、視点の位置の移動が行えるというのは、人間のもつ、一つの能力であるといえる。

　さて、以上のような視点から双方の側の人々の経験を見る立場は、一つの国の中での異なった視角の形成と繋がっていく。この点で、この立場は、支配的なアメリカ中心の視点からの脱却を表していると考えられる。次の例は、このような脱却の開始にあたるものである。以下の文章は、原爆の犠牲者には言及していないが、これを記述した生徒は原爆についての物語を読んだ経験をもっていた。

When I think of Japan I think of one industrial nation. . . . I also know that the U.S. and Japan fought against each other in World War II. When I think of WWII I think of Pearl Harbor and Hiroshima. I don't think we should've dropped the Atomic Bomb. If I had been there I would have tried to get them to stop. But during WWII no one even knew what I was. I know Japan is an island near Asia.　（ベリー 1992-93）

1文ごとに、区切ってみる。

---

(1) When I think of Japan I think of one industrial nation... ［私が日本について考えるとき、一つの工業国を考える。］
(2) I also know that the U.S. and Japan fought against each other in World War II. ［私は、合衆国と日本が第二次大戦のときお互いに戦ったことも知っている。］
(3) When I think of WWII I think of Pearl Harbor and Hiroshima. ［第二次大戦について考えるとき、パールハーバーとヒロシマについて考える。］
(4) I don't think we should've dropped the Atomic Bomb. ［私は、我々が原爆を落とすべきではなかったと思う。］
(5) If I had been there I would have tried to get them to stop. ［私がもしそこにいたなら、彼らを止めるさせるように試みたと思う。］
(6) But during WWII no one even knew what I was. ［でも、第二次大戦のとき、私が何だったのか誰も知らない。］
(7) I know Japan is an island near Asia. ［私は、日本がアジアの近くの島だということを知っている。］

4番目の文では、"I" は "we" としての合衆国の一部として表されている。しかし、5番目の文ではIは、"them"、つまり合衆国の中で爆弾を落とすという決定をした勢力に対して反対している。作者は、パール・ハーバーとヒロシマについての支配的な言説を知っているように見えるが、明らかにそれに対して意義を唱えているのである。

すなわち、生徒の作文は、生徒が彼らの視点の位置を移動し、支配的な言説を使う代わりに、新しい言語で表現できる能力があることを示しているといえる。五番目の文で使われた "I"「私」が、"we"「我々」という集合的な視点を形成しているかどうかは確かではないが、この生徒が用いている新しい言説が社会的な行動を必要とするものであることに注目すべきだろう。つまり、原爆投下を止めさせるように呼びかけているのである。呼びかけ、という行為は、自分以外の人々と、連帯することを目指している。そこには、新しい社会集団が形成される可能性があるといえよう。

このような意味では、新しい集合的な「我々」は、この例では、はっきり

と表現されていなくとも、潜在的には存在していると考えることができる。このような新しい「我々」に属するメンバーは、国家の枠に縛られず、考えを同じくする人々を国内的にも国際的にも見つけて、単なるアメリカ中心的視点の拡張されたものとは異なった視点を形成することができる可能性をもっている。要するに、視点の位置を移動するような能力を養うことは、おそらく、ナショナリスト言説の働きによって築かれた、国家の境界を越えるための最も有力な方法の一つだといえるのではないだろうか。

また、このように、新しい社会集団を言説の上で形成することは、一定の人々のみが「他者」とみなされるというような状況を、克服することにも役立つことになる。つまり、言説における、視点の位置の移動、新しい視点の形成といった行為は、他者化に対抗する力をもつものである、と考えられる。

では、以上で述べたことを整理しておこう。

ヒロシマ言説の特徴
 (1) 犠牲者を「人々」とみる視点
 (2) 「戦争」を双方の側から見ることができる位置への視点の移動
 (3) 一つの国の中での異なった視角の形成

---
5. まとめ

あたりまえだと思っているような言説、つまり「お話」を、批判的に考察し、その話を人々が受け入れることによって、どのような社会体制が維持されているのかと検討することができる。お話を分析することによって、権力作用がわかり、そのような作業を行うことによって批判的な思考をより深めることができる。

(本章の一部は以下の論文で発表した。井口博充 2003「アメリカ合州国中学生の記述する『太平洋戦争』」『戦争責任研究』39号。)

ボキャブラリー

言説（discourse）、他者化（othering）、言説分析、ナショナリスト言説、視点の位置の移動

課題

1. 日常的な生活体験、あるいはメディア体験（新聞のニュース、雑誌の記事など）のなかで、他者化の例をあげてみよう。特に、その場合どのような集団に属する人が、他者化されているのだろうか。また、それによってどのような社会秩序が維持されているのだろうか。

2. あなたの身の回りのメディア（新聞、雑誌等）からアジアに関する記事を選び、言説分析の方法を応用して、それがどのような言説からできているのかを分析してみよう。

文献

アンダーソン、ベネディクト（Benedict Anderson）1997『増補　想像の共同体』白石さや・白石隆訳、NTT出版。

フィスク、ジョン（John Fiske）1996『テレビジョン・カルチャー』伊藤守他訳、梓出版。

井口博充 1993「他者化——イデオロギー・表象・主体構築のポリティックス」『解放社会学研究』第7号。

サイード、エドワード・W（Edward W. Said）1986『オリエンタリズム』板垣雄三・杉田英明監訳、平凡社。

Inokuchi, Hiromitsu [井口博充], 1997, *US Middleschool Students' Discourses on Japan: A Study of Politics of Representation*, Ph.D. dissertation, University of Wisconsin.

第4章　コミュニティとメディアの役割
―――地域の平和運動とマスコミ―――

　本章では合衆国のメディアの報道の仕方、社会的な言説の葛藤、さらにその議論のされ方について考えていきたい。ここで取り上げるのは、合衆国のある地域コミュニティにおける平和運動と、それに対するマスコミ報道のありかたをめぐる問題である。具体的には、ウィスコンシン州の州都マジソンにおいてデーン・カウンティ平和連合（Dane County Peace Coalition）という組織が行った、8月6日の"Lanterns for Peace"、日本語では『平和のためのランタン』というイベントとその報道を取り上げることにする（カウンティは日本でいうと郡にあたる）。まず、メディアがどのように報道したのかを考えるに当たって、このイベント自体がどのような性格をもったものだったのか、簡単にその背景を説明しておきたい。

1.　平和のためのランタン

　日本のメディアがほとんど報道していないので、日本では、実際のところ合衆国でどのように日常的な平和運動がなされているかはあまり知られていない。実は、合衆国のメディアでも、地域的に行われている平和運動は、普通は、ごくローカルな話題でしかないことが多い。それでも、場所によっては、平和運動が草の根レベルで、かなり根強く続いているところもある。そして、合衆国の草の根平和運動のなかでは、第二次大戦時の日本に対する原爆投下の問題は、依然として重大な象徴的な意味をもっている。

　マジソン（Madison）は米国中西部にあるウィスコンシン（Wisconsin）州の州都で、人口は約25万人で、学生や大学および州政府機関に勤める人の多い街である。ウィスコンシン州立大学マジソン校と呼ばれる、世界的に有名な

大学がある。マジソンは、ベトナム戦争のころは、反戦運動の盛んな町で、今でも、革新的な町として知られている。とはいえ、大学および州政府機関に勤める人が多いことから、どちらかというと、白人の中流階級の町になりつつある。

マジソンでは、8月6日には『平和のためのランタン』が、デーン・カウンティ平和連合の主催で開かれている。デーン・カウンティ平和連合は1999年5月にコソボ戦争の反戦運動をきっかけに、マジソン近郊の20余りの様々な平和運動グループの連絡組織として結成された組織である。若い人から、定年退職したひとたちまで、地域の様々な人たちが参加している。

ところで、『平和のためのランタン』というイベントは、日本でいうところの灯ろう流しなのだが、合衆国の各地で似通ったものが行われていて、ウィスコンシン州でもマジソンの他、ミルウォーキーなど、その他二、三の地域でも行われている。マジソンの場合、過去にも8月6日の周辺にこのような被爆を祈念し、平和を願うイベントが行われたこともあったという話だが、しばらく途絶えており、1998年からこのような形で復活した。

イベントの中心となるのは、もちろん灯ろうを流すところであるが、参加者も親子づれが多く、子どもが色とりどりのマーカーやサインペンを使って、平和のメッセージや絵をかき、ランタンを作る。ランタンができると、朗読や歌を歌いながら、夕暮れ（8時半頃）を待ってランタンを流すというものである。次頁の写真はできたランタンをまるく並べて、子どもたちが遊んでいるところである。

ランタンは、1998年と1999年は公園の池に流したが、2000年は湖に流

した。1998年は、40人余が参加し、ごく家族的な雰囲気のなかで行われたが、1999年は100人近くが参加し、盛況であった。ちなみに、2000年は準備が遅くて、同じ場所が確保できなかったにもかかわらず、のべ70人ほどの参加があり、主催者側も慣れてきたせいか、当日の運営がスムーズで、参加者には評判のよいイベントであった。

　ランタンを作るほかに、千羽づるを折るコーナー、核廃絶のための署名を行うコーナーなども設けられていて、10フィート運動でつくられた映画『人間を返せ』の英語版も上映されたこともある。また、映画の代わりに原爆パネルの展示があることもある。以下に述べるのは、1999年のこのイベントに関するテレビ、新聞の報道についてである。いったい地域のテレビ、新聞は『平和のためのランタン』をどのように取り上げたのだろうか。

2. テレビ報道

　まず、テレビ報道から見ていこう。イベントが終わったのは、だいたい午後9時を少し過ぎたころで、マジソンの三つの民営（商業）放送のうち、二つのローカル局（NBC系とCBS系）が、午後10時のニュース（夜のメイン・ニュース）でイベントを報道した（ちなみに、公営放送のパブリック・テレビジョンでは毎日の地域のニュースはない）。ABC系ローカル局では、国際ニュースとして広島での平和祈念式典の場面を短く紹介していたが、地元で行われた『平和へのランタン』については報道しなかった。

　おもしろいことに、NBC系とCBS系では、報道姿勢に少し違いが見受けられた。NBC系チャンネルでは、今日のローカルな出来事の一つとして、ほんの20秒程のランタンが流されていく場面（最も見栄えのする場面）を、イ

イベントが行われた事実だけを伝えて、あまりコメントを加えずに流していた。ごく短いシーンの放送だったので、メモはとれなかったが、アナウンサーは、イベントを「戦争被害者」を慰霊するためのものと位置付けていて、イベントが行われた場所と時間に言及し、最後に、原爆は合衆国が戦争を終結させるために投下したというコメントを付け加えた、というように記憶している（後で局に問い合わせてみたところ、ニュースは生放送で、しかも録画していないと言っていた）。

これに対して、CBS系のチャンネルでは、このイベント自体を主催者や参加者へのインタビューなどを中心として編集された一つの独立した項目のニュースとして、報道した。このニュースに関しては、ビデオテープを手に入れることができた。その内容は以下のようなものである。

まず、灯ろう流しに関するニュースは、全体で1分に編集されている。スタジオの司会のアナウンサーの「地域の人々が、今日の夕方、世界平和のために集まりました。『平和のためのランタン』は、核兵器の製造を止めるように呼びかけています」というイントロでイベントを紹介した後、現場レポーターの映像に切り替わり、彼女の「ヒロシマの54周年を迎えた今夜、平和をテーマに人々が集まりました」という言葉の後、主催者である平和連合の代表ボニー・ブロックさんのインタビューが流され、その後、参加者の様子や様々な声を紹介し、最後は、再びブロックさんに戻り、「私たちは、人間を生贄にする風習もなくしました。さらに、奴隷制度もなくしました。私たちは、（今）核兵器をなくすことが必要なのです」という彼女の言葉でしめくくられている。

すなわちCBS系の報道は、『平和のためのランタン』が反戦・平和・軍縮を求める総括的イベントであることに言及するとともに、主催者・参加者の多様な活動や声を挿入することによって、イベントの内容をどちらかといえば肯定的に伝えていたということができるだろう。ただ一つ残念なことは、編集作業の時間的な制約のためか、この取材クルーは、ランタン流しの時間の前に引き上げてしまったようで、ランタンを流す映像そのものは含まれて

3. 新聞報道　91

いなかった。ここで、三つのチャンネルの原爆祈念のイベントに対する報道の違いを簡単にまとめておこう。

表 1　三つのテレビ局の報道の違い

テレビ局	原爆祈念イベントの報道
ABC 系	国際ニュースとして広島の式典を短く流す
CBS 系	約 1 分の『平和のためのランタン』の取材によるニュース
NBC 系	ランタンが流されていく場面の映像と簡単なコメント

では次に、『平和のためのランタン』が、新聞でどのように報道されたのかを見てみよう。

3. 新聞報道

マジソン市には、地元の新聞としてウィスコンシン・ステイト・ジャーナル（Wisconsin State Journal）紙とキャピタル・タイムズ（The Capital Times）紙の二つの主要な新聞がある（両紙は、実は、現在同じ資本の下で、編集を別にして発行されている）。日刊紙のステイト・ジャーナル紙は、州全体で流通しており、より保守的な傾向があり、主にマジソンだけで流通している夕刊紙（週末版だけは午前中発行される）のキャピタル・タイムズ紙はよりリベラルだという評判がある。98 年のイベントは、ステイト・ジャーナル紙に主催者代表のブロックさんの声明文が写真と共に掲載されただけだったが、99 年は、両紙ともイベントを取材した上で、翌 8 月 7 日（この日は土曜日）のローカルニュースの最初のページで大きく報道していた。

興味深いことに、この『平和へのランタン』というイベントについて、両紙はかなり異なった角度から記事をまとめていた。まず、ステイト・ジャーナル紙は、このイベントを地域ニュース面の中央に、囲み記事で大小 2 葉の写真入りでレポートしていた。以下のような記事である。

記事のタイトルは、「若い人々に原爆について教える」（"Teaching youth

about the bomb")で、副題には、「テニー公園で広島、長崎の犠牲者を追悼する」("Victims of Hiroshima, Nagasaki remembered at Tenney Park")となっている。写真は参加者がランタンを作っているところと鶴を折っているところの二つで、写真の上部に参加者の1人の「私は、アメリカ人は一般的に、合衆国が世界の他の場所でどのように思われているのかについて、理解がないと思います」(軍事大国であることへの批判)という言葉が引用されていて、イベントの性格を印象づけるメッセージとなっていた。

しかし、記事の本文はどちらかというと政治的色彩が薄く、イベントの概要を紹介した後、主催者が子どもが多く参加したことを喜んでいるとか、子どもを連れた母親の声、最後には子ども自身の声などを載せて、このイベントが子どもの平和に対する意識を育むものであることに焦点を絞っている。このような点で、ステイト・ジャーナル紙の報道は、『平和へのランタン』というイベントの教育的、啓発的側面に焦点を置いた構成になっているように見える。

　一方、キャピタル・タイムズ紙は、地域ニュース面で、2葉の写真を使ってイベントを取り上げている。写真は、子どもがランタンを流しているところと流れていくランタンで、このイベントの中でも最も見栄えがするシーンである。

3. 新聞報道　93

　この記事のタイトルは、「平和を照らして流れるランタン」("Floating lanterns glow for peace")となっている。記事は、ステイト・ジャーナル紙よりもかなり語数が多いもので、まず、「くり返すことなかれ」("Never, again")という文句から始まって、8月6日が54年前に原爆が投下された日であると共に、9年前にイラクに対して経済制裁が始められた日であることにもふれ、主催者の意図がただ単に原爆の犠牲者を追悼するという目的に限らないことに言及している。次に、包括的核実験禁止条約を上院で審議するように求める署名運動の内容について、かなりのスペースをとって説明し、すでに152ヶ国が承認し41ヶ国が批准している事実にもふれている。

　さらに、記事の後半では、参加者の1人として発言した市議会議員のバーバラ・ヴェッダーさんの声を紹介し、最後は、劣化ウラニウム弾の実験の行われたインディアナ州の実験場では、後始末に40億ドル、50億ドルという莫大な金額がかかっているという事実を紹介し、核兵器が他の国々を破壊しているのみならず、合衆国自体にも被害を与えているのだという主催者の主張で記事を結んでいる。キャピタル・タイムズ紙は、この記事を通じて、今日の核兵器および軍備拡張の背景にある政治的な問題に焦点を当てた報道を試みているように見受けられた（ちなみに、劣化ウラニウム弾とは湾岸戦争・コソボ戦争でも使われた今日の核兵器の一つで、イラクで原爆症が発生しているという報告もある。また、数年前に沖縄で米軍が訓練中に誤発射するというミスも起っている。最近、プエルト・リコでも誤発射ミスがおこり、管理体制の不備が問題になってきている）。

ここで、この2紙の記事の違いを簡単にまとめておこう。

表2　二つの新聞記事の違い

新聞	『平和のためのランタン』の報道
ステイト・ジャーナル	政治色の薄い、子どもの教育的活動に中心をおいた報道
キャピタル・タイムズ	政治的背景を詳しく解説

ところで、このような『平和のためのランタン』に対する報道は、市民にはどのように受け取られたのだろうか。特に、このイベントは、保守的な人々には、いったいどのように受け取られたのだろうか。そして、新聞はどのような役割を果たしたのだろうか。

4.　「平和のためのランタン」に対する反論

　ステイト・ジャーナル紙は1週間後の8月14日に、イベントの主旨に反対する2通の投書を載せた。1通目は、デイビッド・バークさんからの投書で、日本人を「犠牲者」だとみなすことに強い不快の念を表したものだった。投書は、『平和のためのランタン』のようなイベントが、第二次大戦が合衆国の正義の戦いだったとする歴史を「修正」するものだと見なし、以下のように主張している。

　このままでいくと、そのうち本当は日本が真珠湾を爆撃したのではなく、日本の飛行機に乗ったアメリカのパイロットが、日本に対して戦争を布告する口実を作った犯人であるという説が出てきても私は驚かない。おかしなことに、誰も真珠湾で殺されたアメリカの「犠牲者」のことは気にしていないようだ。

　さらに、バークさんは、日本に対して仮想された上陸作戦がもし実行されていたなら、1000万人以上の日本の兵士と市民、25万人以上のアメリカ人の死傷者が出ていたという数字をあげて、原爆によって犠牲者が少なくてすんだのは、「よい差引勘定」（good trade-off）だったといえるのではないかと結

4. 「平和のためのランタン」に対する反論　95

んでいる。

　2通目の投書は、ブライアン・マレーさんによるもので、戦争における人的犠牲を記憶しておくことには百パーセント賛成すると前置きした上で、長崎と広島で死傷した市民に焦点を当てるだけでは、歴史の全体が見えないとして、まず日本が戦争を始め、真珠湾で日本の爆撃によって2千人以上のアメリカ人が殺されたことを指摘する。さらに、他に戦争を終わらせる手段が見つからなかったところに、原爆が完成し、その使用についてはポツダム会談で日本に警告したが、聞き入れられなかったため広島に原爆を投下することになったのだと主張している。マレーさんは、以下のように書いている。

　不幸なことに、日本の政府は広島への原爆投下を無視することを選択した。したがって、数日後に、我々は再び原爆の力を見せつけるために長崎にも原爆を投下することを余儀なくされた。

　さらに、彼の意見としては、国際的紛争はまず平和的解決を目指すべきだが、何よりも平和を優先するという立場ではなく、必要があれば軍事力の使用もやむを得ないとも述べている。マレーさんの投書は、以下のように結ばれている。

　我々が市民としてできることは、我々の選挙で選ばれた指導者に、適切な代償による平和を要求することであり、しかし、いったん戦争が始まったならば、軍隊を完全に支援することである。この案に従えば、どちらの側の死傷者の数も非常に減らすことができる。

　これらの2通の投書の内容は、数年前に、合衆国のワシントンD.C.にあるスミソニアン博物館が、広島に原爆を投下したB29爆撃機エノラ・ゲイ号の展示を催した際に起こった論争の中で、退役軍人等を中心とする圧力団体が用いた言説とよく似ている。このときの論争は、原爆被害に関する展示

を撤去するということで、決着した。すなわち、スミソニアン博物館は、原爆投下を肯定するナショナリストの圧力に屈したと言える（エノラ・ゲイ号展示を巡る論争については、袖井1995等を参照されたい）。

　このように、ステイト・ジャーナル紙の投書は、全米レベルで起こった論争が、地域でも繰り返されていることを示している。特に、2通目の手紙は、「戦闘の中で命を賭けた我々は」とあるので、マレーさんは明らかに軍人として従軍した経験があるようである。第二次大戦を戦った軍人たちの中には、自分たちが戦った戦争が、ベトナム戦争のように、「間違った戦争」であったという歴史解釈が生まれてくる可能性、つまり自分たちが戦った正当性が否定されることに対して非常に神経質になっている人々が存在するようである。

5.　平和運動側の再反論

　これらの投書に対して、平和連合の有志3人が各々独自に反論の手紙を書いて投書した。イベントに反対する投書が載ってからちょうど1週間後の8月21日にステイト・ジャーナル紙は3人の投書を掲載した。ステイト・ジャーナル紙は、どちらかといえば保守的な立場に立つ新聞とみなされているので、進歩派を代表するような意見を掲載するのはめずらしく、3人の投書が三つともそのまま掲載されたことには、平和連合のメンバーも驚いていた。

　前述のブロックさんは、この批判の投書にあるような考え方は、異なった考え方を許容しないもので、相手（敵）を一方的に悪だと決め付けるもので、逆に、歴史の真実を歪めるものだと書いていた。一方、リー・ブラウンさんは、『平和のためのランタン』というイベントは、歴史を修正するためにやっているのではなく、原爆投下のような悲惨な出来事を繰り返さないという、未来を志向する教育的イベントだとし、包括的核実験禁止条約の重要性を力説していた。

　さらに、ベトナム戦争に従軍した元兵士で、現在はベトナムの復興に協力

する運動に関わっているマイク・ボーエムさんの投書は、全体として、歴史的事実にもとづいた論争の必要性を説くものであった。彼は、合衆国において、原爆投下が神話化していることについて以下のように指摘した。

　私たち、平和連合のような組織がもっている課題の一つは、「我々には原爆を広島と長崎に投下する以外の選択はなかったのだ」というような、永年生き残ってきた、通俗的で、気休め的な神話を乗り越えることにある。その神話によれば、原子爆弾を落とさなければ、我々が日本を侵略したときに膨大な死傷者が出て苦しむことになったという。

　ボーエムさんは、続けて、この神話は正しくはないとし、1945年段階ではすでに、日本が秘密裏にソビエトに和平調停を求めていた事実などをあげ、連合軍側には、ソビエトを日本に対して参戦させ、日本と降伏の条件を交渉するという選択もあったと指摘している。さらに、いくつかの選択肢があったにもかかわらず、原爆投下という選択をしたわけで、当時の軍人の中にも、原爆投下は戦争を終わらせることとは（直接の）関係はなかった、と証言する人もいることにも言及している。ボーエムさんは、投書を以下のように結んでいる。

　『平和へのランタン』のようなイベントの価値は、原爆投下のような問題を考え直して、それが（再び）起こらないような道を見つけることである。なぜなら、もし私たちが、このような問題の解決方法を見つけなかったとすれば、私たちは（将来）私たち自身を破壊することになる。そして、これは決して冗談ではないのだ。

　ボーエムさんの投書は、近年の歴史研究を踏まえたものであり、個人的に後で聞いてみると、図書館へ行って調べた上で投書を書いたとのことだった。ボーエムさんの場合、彼のベトナム戦争への疑問が、他の合衆国の戦争、なかでも「正義の戦争」だと位置づけられてきた太平洋戦争へ疑問を投げかけ、その戦略政策に対して批判的に見るようになっていったのだと考えることが

できるだろう。

　以上の例から、マスコミは、市民の政治的問題への関心や意識を高めるための、日常的な社会的場となりうるということがわかる。

6.　論争とメディアの役割

　さて、日本での8月6日周辺の原爆祈念報道に比べると、進歩的だと言われているマジソン市周辺のような地域においても、マスコミによる平和運動の報道は、必ずしも満足のいくものだとは言えないようにも思われる。しかしながら、ABC、CBS、NBCという三大ネットワーク系列局が、ニュースを寡占化する状況下であっても、『平和のためのランタン』のような地域的イベント（あるいは、「原爆」平和祈念）に対して、様々な形での報道を試みつつあることには注目していいのではないだろうか。ローカルテレビ局が、この種の地域ニュースを取り上げることを重視していることは、合衆国の放送の在り方の特徴（地域重視）が現れているともいえる。また、新聞報道、特に、ステイト・ジャーナル紙の投書掲載の例のように、マスコミが意見の対立する市民同士に、公の討論・反論の場を与えるということは、マスコミが民主的な市民社会の形成に積極的に貢献しようとしているものとして高く評価できるだろう。

　市民の側についていえば、新聞での投書を通しての論争にみられるように、一人ひとりの市民が個々人として、マスコミやその他の場面で、自分の考えや意見を発言する態度・能力を身に付けていることが注目に値すると思われる。積極的な意味で民主主義を築き、維持していくためには、市民レベルでの論争を避けて通ることはできない。確かに、先にも書いたように、「平和のためのランタン」に反対する投書をした人はある程度すでにある紋切り型の議論に乗っ取っていることは否定できない事実である。それを論破するには、勉強することが必要である。民主主義にもとづく実践は、誰かが自分のためにやってくれるというものではない。主権者（市民）の権利および義務として、自らの理想をもち、積極的に社会に働きかけていく人間の形成が強

く望まれているといえるだろう。このような意味で、学校教育は政治教育を避けるのではなく、次の世代が見識をもった市民（政治的主体）に育つように指導、教育すべきである。時代遅れのナショナリズムを子どもたちに押し付けるような教育は、どこの国であれ、もはや望ましくない。また、マス・メディアは普通の人々（子どもも含めて）が政治的問題について論争する機会を提供すべきなのではなかろうか。

　自国の戦った戦争を是非を問うことは、それがたとえ過去の問題であっても大きな論争を引き起こすことがある。それは、合衆国での原爆投下やベトナムでの残虐行為についての議論でも起こるし、日本でも南京大虐殺や「従軍慰安婦」の問題についての議論でも起こるのである。もちろん、異なった意見が表明されて、そのような議論が起こっていること自体は民主主義の発展にとって望ましいといえる。ただし、マス・メディア自身も戦争などの国家的事態の場合、ナショナリズムに流されやすくなる、また実際に様々な統制のために、事実を正しく伝え、公平に意見を反映することも難しくなる。合衆国のような自由を標榜する国においても、湾岸戦争のときには合衆国政府の情報操作により合衆国に不利な事実を伝えることができなかったのである（例えば、渡辺1995を参照）。マス・メディアが日常から少数派の意見も含めて、幅広い異なった視点を提供し、議論の場を提供していくことが、仮に戦争のような非常事態に巻き込まれた場合にも、人々が冷静に判断できるような情報交換の場を作っていくことに寄与することになるのではないかと考えられよう。

　　（本章は以下の論文に加筆修正したものである。井口博充1999「平和へのランタン——原爆をめぐる合州国の草の根平和運動とマスコミ」『マスコミ市民』372号。）

ボキャブラリー

3大ネットワーク、エノラ・ゲイ論争（スミソニアン博物館におけるエノラ・ゲイ号の展示をめぐる論争）、情報操作

課　題

1. 日本で、戦争をめぐる議論（例えば、歴史教科書をめぐる問題等）がどのようにマス・メディアで報道されているか調べてみよう。マス・メディアは、どのように論争の場に対応しているだろうか。

文　献

袖井林二郎 1995「スミソニアン原爆展論争から学ぶこと」『季刊戦争責任研究』10、pp. 48-55。

鈴木健二 1997『ナショナリズムとメディア』岩波書店。

渡辺武達 1995『テレビ——「やらせ」と「情報操作」』三省堂。

Gitlin, Todd［トッド・ギトリン］, 1980, *The Whole World Is Watching,* Berkeley, University of California Press.

第5章 オルタナティブ・メディアとしての
　　　　コミュニティ・ラジオ

　本章では、私たち一般市民が、テレビやラジオの受動的な視聴者という存在から、積極的な関与・制作者へと変わることの、可能性、必要性について考えたい。ここでは、コミュニティ・ラジオ（community radio）に焦点を当てていきたい。

　私たちは、日常的にテレビを観たり、ラジオを聴いたりしている。しかし、テレビやラジオを観たり聴いたりはしているが、実際、番組に参加したという経験はない人が多いのではないだろうか。参加したことがあるという人でも、クイズ番組の参加者だったりで、つまり自分の役割はすでに番組のフォーマットによって決められてしまっているという場合がほとんどではなかろうか。つまり、参加といっても、番組の制作に参加したというわけではないのではないか。それどころか、番組制作に参加するってどういうこと、と疑問に思う方もいるのではなかろうか。

　市民が参加し、市民が主導権をもって番組をつくるメディアというのは、海外でも、日本でも、このごろ盛んに主張され始めてきている取り組みである。その代表的なものとして、パブリック・アクセス・テレビ（public access television）とコミュニティ・ラジオがあげられる。合衆国では、特に、ケーブルテレビの普及している地域で、市民がコミュニティ・テレビ局の運営に参加するという試みがなされている。さらに、コミュニティ・ラジオは、コミュニティ・テレビよりも、長い歴史をもっている。この章では、マジソン市のコミュニティ・ラジオ局、WORT（ウォート）について、述べていきたい。社会学的に言うと、事例研究という方法で、アプローチしてみることにする。

1. WORT：コミュニティ・ラジオの事例研究

マジソン市には、かなり長い歴史のあるWORTと呼ばれるコミュニティ・ラジオ局がある。特に、WORTは、町の進歩的な人々に「他局では聴けないニュースや音楽をながす」ユニークなラジオ局、誰でもが参加できるオルタナティブ・メディアとして親しまれている。

パブリック・アクセス・テレビ局の場合、ケーブルテレビを受信している人でないと観られないが、ラジオは、誰でも聴くことができる。合衆国では、比較的、ケーブルテレビの普及率は高いといえるが、それでも学生や低所得者には普及していない。視聴料がかかるからである。ラジオ放送は無料で聴くことができるし、ラジオも非常に安く手にいれることができる。新聞を定期購読しないで、無料のラジオでニュースを聴く、朝は、ラジオ放送を聴くことから始める、という人々も少なくない。

以下では、マジソンのラジオ局WORTについて紹介し、どのようにしてこのようなオルタナティブ・メディアの試みは可能になったのか、また実際にどのような番組を放送しているのか、人々はどのように制作に関わっているのか、などを探ってみることにしよう。

2. オルタナティブ・メディアとは

　まず、「オルタナティブ・メディア」（alternative media）という概念を説明するところから始めよう。市民主導型、市民参加型のメディアは、普通、オルタナティブ・メディアという概念で、説明されることが多い。

　オルタナティブ・メディアとは、主流メディアに代わるメディアという意味である。世界各地で取り組まれているオルタナティブ・メディアは、私たち、一般市民が、テレビやラジオの受動的な視聴者、すなわち、「受け手」という存在から、積極的な関与・制作者、つまり、「作り手」へと変わることが、民主主義的な情報化社会を築く上で欠かせないと考えている。つまり、オルタナティブ・メディアの重要なゴールの一つは、一般市民のメディアへのアクセスということなのである。

　WORT局の実務の責任者であるノーマン・ストックウェルさんにインタビューした。彼の言葉は、オルタナティブ・メディア運動としてのWORTの性格について、次のように述べた。

ストックウェル：WORTは、オルタナティブが欲しいと思っていた人々のグループによって作られ、［それから］25年になるコミュニティ・ラジオ局です。［創立者たち］は、［商業］ラジオがコミュニティの利益に尽くしていないし、日常の人々を反映していないと感じていたのです。だから、オルタナティブ［替わりとなるもの］を提供するために、WORTは、1975年に創立されたわけです。［ここでいう］オルタナティブというのは、コミュニティにアクセスすることと、コミュニティからアクセスされ、人々が来て問題とその行方を話し合うことです。それは、主流メディア、商業メディアのなかには表されてこなかったようなニュースを話し合うことです。また、他のラジオ局では、放送されないような、音楽や文化のことなのです。したがって、私たちが流す音楽は、商業的に成功するような種類のものではありません。しかし、人々が暮らしている世界に対する多様な理解を提供し、他の多くの文化、世界の他の部分における経験や物語

を紹介することはとても重要なことです。

　ストックウェルさんは、端的に、オルタナティブ・メディアの特徴を語っているといえるだろう。それは「コミュニティ・アクセス」「非商業的」「多様性」といった言葉に現れている。では、次に、オルタナティブ・メディアとしての、WORTの歴史に、少し触れておこう。

3. WORTの歴史

　WORTの歴史は、1973年に5人の有志が、「バック・ポーチ・ラジオ」グループを結成したことに始まる（バック・ポーチとは、裏庭のベランダのことである）。このグループが、使われていなかった古いFM局のスタジオ、機械を使って放送を開始したのは1975年12月1日午後8時のことだった。当時は、関係者全員がボランティアで、決まった役割もなく、全ての決定事項は全員の合意で決めていたということである。1982年に、現在の建物を購入し移転した。そのとき、多くの機器を新しく購入し、トランスミッターも市の西側の郊外にあるNBC系のローカルテレビ局のテレビ塔に移設したので音質も改善され、可聴範囲も増した（現在、公式には、出力2000ワットでマジソン市を中心に半径50マイル以内で聴取可能ということになっている。これは、その出力からすると、他の商業ラジオ局と大差がなく、いわゆるコミュニティ・ラジオとしてはかなり大きな規模のものだといえる）。

　さらに、同時期に番組編成も改革された。それまでは、日々のプログラム編成は規則性がなく、担当者によって全く自由に構成されていたのを、1週間を平日5日と土日に分け、どの時間帯にどのような番組を放送するかという枠組みを決めた。例えば、朝はクラシック音楽で始まり、8時からはニュースを交えた地域の話題に関するトークショウというように決まったプログラムを放送するようになった。その後、80年代の後半からは24時間放送体制に移行し、1992年には短波によるスタジオ、トランスミッター間接続（STL）が導入されるなどの技術革新もなされてきている。

このように、技術的環境が整えられてきた90年代の初め、WORTでは大きな内紛が起った。局が大きくなるに従って、人間関係がより官僚的で不平等になったという不満が出てきたこと、局をより専門化して普通のラジオ局のように商業的経営を目指そうとする人々も出てきたことなどが理由だった。内紛は地元の新聞などでも取り上げられ、街の人々の注目を集めた。結局、オルタナティブ・メディアとしてコミュニティ・ラジオ路線を主張する人々が局に残ることになり、1994年には運営組織を大変革し、定款の中にはっきり民主主義的決定の原則を入れて、評議委員会の力を強めて、1人の人間が勝手に局の経営を左右することができないよう改正した。これらのことは、局にボランティアとして関わっている人々（一定時間以上働いている人）の投票によって承認された。

　では、現在のWORTの経営は、どのように、なされているのだろうか。

4. WORTの経営

　WORTの運営に最終的責任をもっているのは、コミュニティの有志の中から、局で一定期間以上ボランティアしている人々によって選挙で選ばれた9人の評議員たちである（任期は3年）。評議員は、スタッフ代表を除けば、ボランティアである。評議員とは別に、給料をもらっている9人のスタッフがおり、内4人はパート・タイムで働いている。残りの人員は全てボランティアである。約200人のボランティアがいることになっているのだが、ボランティアはそれぞれの番組に属しており、また入れ代わりも頻繁なので、現時点で実際に何人いるのかは、はっきり把握できているわけではない。

　ボランティアをしている人は、学生も少なくないのだが、地域の音楽家や自由業の人から大学の教師や弁護士まで多様にわたっている。もちろん、その人の専門的知識を生かすという場合もないわけではないが、単なる趣味という場合も少なくない。地域に住む人ならば誰でも参加できることになって

いるからである。

　では、WORT はどのように財政的に成り立っているのだろうか。96 年の時点では全予算 28 万ドルで、その内訳は、60 ％が視聴者からの寄付（つまりカンパ）、25 ％が公共放送公社（Corporation for Public Broadcasting）からの資金、残りが小さな財団からの補助、地域の会社・店からの番組後援料というようになっている。番組後援料はコマーシャル料ではなくアンダーライトと呼ばれるものである。公共放送公社というのは、基金とか、振興会というような組織で、国家の資金を公共のテレビ・ラジオ放送に配分するのために 1960 年代後半に設立されたもので、番組内容に対する補助金といったものである。国家財政の緊縮と保守勢力による政治的攻撃により、90 年代前半に存続の危機に陥ったこともあったが、近年予算が復活してきている。公共放送公社から資金をもらうためには、ラジオ局は一定の基準を満たさなければならない。ある程度の規模があって、教育的な目的をもつものでなければならないということになっている。

　NHK のように視聴料を取っていないので、WORT では、年に何回か決まって、聴者から寄付を募る週がある。WORT では、局の独自のデザインのバンパー・ステッカー、マグ・カップ、T シャツなど、あるいは番組に登場した人のサイン入りの本などと引替に、15 ドル、25 ドル、35 ドル、50 ドルといった寄付を募る。WORT の支持者は、それぞれ好みの番組の時間に局に電話をかけて、「私はいくら寄付します」というふうに申告するのである。それはその番組の人気を測る尺度にもなっている。しかし、お金（人気）があつまらないからといって、必ずしも、その番組がなくなるというわけではない。マイノリティーグループの人々によって運営され、それぞれのグループの声を届けるのに役だっているような番組は、お金と関係なく重要だと見なされている。現在 WORT の聴者数は、約 3 万人で、そのうち 10 人に 1 人が寄付をしている後援者となっているという計算になる。

　では、WORT の番組の特徴を探ってみよう。

5. 特色ある番組づくり

　番組編成は、24時間放送ということもあって音楽番組も多い。音楽番組はニュース番組に比べると、どちらかと言えば手間ひまがかからないこともその理由だと考えられるだろう。しかし、WORTの場合、音楽番組といっても、クラシックからロック、オルタナティブ・ミュージックまで、多種多様な音楽をカバーしている。WORTの番組編成を見てみよう（次頁の表を参照）。

　WORTでは例えば、女性による女性のための番組も充実している。月曜日の朝には、女性によるクラシック音楽の時間という番組があり、女性の作曲家や演奏者による音楽のみを取り扱っている。さらに、日曜日の昼には『Her Infinite Variety』、日本語に訳せば、『女性の限りない可能性』という、文字どおり様々な女性シンガーの音楽を紹介する番組もある。

　番組ができて以来『Her Infinite Variety』のホストを務めているスー・ゴールドウーマンさんに、インタビューしてみた。彼女の、WORTの番組作りについての意見を、聞いてみよう。ゴールドウーマンさんは、ユーモアを交えて以下のように語ってくれた。

ゴールドウーマン：WORTは、多くの若い視聴者も仲間に加えたのです。私が思うに、その理由の多くは、新しい視聴者をつかもうとして一生懸命に努力したからでしょう。その番組編成がもっともよく、そういった役割を果しているよ思います。WORTは、絶えまなくその番組編成を洗練させ、今や他にはどこでも聴かれないようなたくさんの音楽、ニュース、公共問題の番組をもつようになりました。そういった理由で、私たちは、今まで探している何かが見つからなかった、そういう何かに興味をもっている人々を引き寄せ続けているわけです。ここでやっていることは、本当の意味で主流メディア、さらにここマジソンの公共テレビやラジオ、に対するオルタナティブを提供します。視聴者と関わるための努力とし

108　第5章　オルタナティブ・メディアとしてのコミュニティ・ラジオ

TIME	Sunday	Monday	Tuesday	Wednesday	Thursday	Friday	Saturday	TIME
5	After Hours						Crazeology	5
6	Chamber Notes Gary Weismer Classical on a small scale	Other Voices Tracy Dietzel Women in classics	Erratical Classical David Alvarado Classical variety	Music & More Ena Klobes Piano, symphonic, & choral	Variations on a Theme Leigh Orf Classical w/ a theme	Fantasia Perry Allaire Classical 19th & 20th Century	Los Madrugadores Joann & John Rogerio Music & conversation en español	6
7								7
8	Musica Antiqua Karen Silk						The Dusties Storm Joe Jamm, Martell Perry 60s & 70s R&B	8
9	Stephanie Elkins Medieval & Renaissance	Crossroads Laura Lentz Folk from the world over	Pastures of Plenty John Fabke Traditional American folk	Back to the Country Bill Malone Country music on a theme	Diaspora Terry O' Folk, blues, international	Mud Acres Chris Powers Bluegrass & acoustic	Entertainment John Kraniak Vintage jazz	9
10								10
11	Her Turn Her Infinite Variety						Tropical Riddims - F.R.P.- Reggae	11
12	Sue Goldwoman Tara Ayres Mary Wolfrovich Women's music	New Dimensions	CounterSpin Radio Nation	Natural Living with Gary Null	Mel & Floyd			12
1	On The Horizon Ford Blackwell Paul Novak Dan Talmo World music	All-Around Jazz Alex Wilding-White Wide-ranging jazz	The Stompin' Grounds Michael Barnes Rare jazz & rare grooves	Journeys Into Jazz Gary Alderman Swinging mainstream jazz	Jazz Sounds Jane Reynolds Eclectic adventurous jazz	Songs of Safety and Manners Ted Offensive New releases & local music	Baobab Beat Katim Touray Music of Africa	1
2								2
3							La Junta Ricardo Gonzalez Orlando Cabrera Salsa & Latin jazz	3
4								4
5	Third World View					Labor Radio	I Like It Like That Rockin' John McDonald Rockin' oldies	5
6	Hmong Radio					Blues Cruise Dave Watts		6
7	The Best of Gospel Jonnie O.	Access Hour Will The Circle Be Unbroken? Radio Literature	Queery - Local LG/B/T This Way Out	Second Opinion Science / Healthwriters		Two for the Blues Bonnie Kalmbach Art Schuna		7
8	R.T.Q.E. Greg Taylor Electronic, experimental	Something Wonderful Ryan Parks Ambient, techno, ambient	The Original Wilson Brothers Jim & Ted Wilson New rel/rare/rock	Guilty Pleasures Casey Fox Scattered and lost 'n' rhythm	Psychoacoustics Rev. Velveteen Eclectic experimental	Friday on My Mind Bill the Walkin' Bacilar, Betsy Lucht, Harry Prog, and guests		8
9					Hour of Slack "Praise 'Bob'"			9
10	Weekly World Noise Adam Cain JoAnne Powers Todd Seguin Experimental & avant garde	Mash Pit Matt Myers Metal	What's That Sound? Rob Jacob Indie rock	2 hours of Grateful Dead Dead Serious Sunday "Dave" "Dean" and 1 hour of Live & Loose	Monster Crawfish Roadkilly Extravaganza Mike Heminger & Catman Indie, surf/ski, oddities	Dangerous Odds, Fiction Jones, & Specials	Universal Soul Explosion Joe Jamm G-Wiz Tjuan Gillish Mastermixers	10
11								11
12						Crazeology		12
1	Darkest Before the Dawn Gregg Williard	Tuesday Morning Aneurysm Lucas, Prince of Darkness	Goin' Off Noah, Ben, & Eli Hip hop	Better Than Karaoke Dustin Halton alternating w/ Phil Live on the Air Live concerts & recorded rarities	Music Out of the Moon Rev. Halfnote Lounge classics & groomers	Uncle Larry Jazz recorded live at 10:30 a.m.	After Hours Rap & soul	1
2								2
3								3
4								4
5	Mondo media spoken word	3 dark hours of pain						5

WORT 89.9 FM
Listener Sponsored Community Radio since 1975

The Insurgent Radio Klosk weekdays at 5:00, 6:30 and 9:00 a.m., and 2:00 p.m. • Folk Calendar weekdays at 10:30 a.m.
WORT-FM 118 S. Bedford St. Madison, WI 53703 • phone: (608) 256-2001 • fax: (608) 256-3704 • wort@terracom.net • http://www.netphoria.com/wort

10/98

ては、電話がかかってきたら、その質問に応える努力をするとか、そういったことでしょうか。私は、視聴者がとてもよく知っているものや、よく知らないものまで、本当に多様な音楽を提供するように努めています。私は、人々がそこで何が起こっているのかということ、音楽にだけに限らず、人々が関心をもつかもしれない物事、本当に広い範囲の物事について、注意を促すことを期待して、コミュニティのお知らせをたくさん読みます。女性が関心をもちそうなことならなんでも、それが本当のところ私の焦点です。

　ゴールドウーマンさんの言葉の後半部分は、特に、WORTの特徴を表しているといえるだろう。

　さて、WORTの番組の多様性は、ニュース番組にも共通して見られる特徴だといえる。例えば、『Her Turn』という番組がある。日本語に訳すと、『彼女の出番』というような意味になる。これは、女性の生活に関係のあるニュースを流す、週1回30分の番組である。この番組のニュースは、様々な情報源から独自に集められているのだが、英語圏の女性ニュース・ネットワークによって制作されたものの一部を用いる場合も少なくない。ゲイ・レズビアン関連のニュース、人口中絶における女性の権利の問題、生活保護政策改悪反対運動など、マス・メディアが躊躇する問題を、女性の視点から取り扱うことが、大きな特色だといえる。実際、インタビューや取材をすることも多く、番組制作は、全員女性であるという原則になっており、プロデューサー、アナウンサー、ニュース・ライターなどの役割を、交代で公平にやっており、文字通り『彼女の出番』ということになる。

　『Third World View』という名の番組もある。日本語に訳せば、『第三世界の視点』ということになるだろう。この番組は、アメリカでは軽視されがちなアジア・アフリカのニュースを集めて流す番組で、時として解放運動に直接携わるような人にインタビューすることもある。この番組では社会主義路線を続けて合衆国と対立してきたキューバ関係のニュースが多く、キューバ排斥的な主流メディアに比べると、より中立的な内容になっている。

また、『The Best of Gospel』では、ゴスペル音楽の合間にアフリカ系アメリカ人のニュースなどを入れて、マイノリティーの視野に立った番組を提供している。この番組のホストを務めるジョニー・オー（本名 Jonathan Overby）さんにもインタビューした。

オー：私は、実は10年ぐらい前からWORT局を始めました。私が、一番興味があったのは黒人のゴスペル音楽でした。なぜなら、それはとても開放的で、またアフリカ系アメリカ人の文化についてよく啓発するものだからです。まず第一に、黒人音楽について特別なことは、それがいろいろな意味で、真に北アメリカの音楽だということです。そして、黒人教会は、ごく初期の頃から今日の有名な歌手達の音楽学校という役割を果たしてきたわけです。例えば、アレサ・フランクリン、もう亡くなってしまいましたが、偉大なマハリア・ジャクソン、トーマス・A・ドーシー、さらにテンプテイションズやスプリームス、偉大なジャズ歌手のサラ・ボーンなどたくさんの歌手があげられます。皆、最初は彼らの地元の教会で歌い始めたのです。私にとっては、このような番組がマジソンで行われているのが、とっても重要なのです。それに、私は、かなり昔にこのような番組が行われていたことも知りました。そういうわけなので、マジソンのゴスペル音楽の歴史の繋がりに再点火できたということで、とても素晴らしいことです。だから、私は、この番組、日曜日の夜の『The Best of Gospel』の一員であることをとても、喜んでいます。

WORTには、さらに、スペイン語の番組、ラオス・カンボジアからの難民であるモン族の番組のように、英語以外の言語で放送されるものもある。モン族の番組『モン・ラジオ』では日本の民謡・演歌のような曲が流れてくる。もちろん、モン語で放送されているので、筆者にも、また大部分の聴者にも、ホストの言葉の意味は分からないのだが、それはかまわないと考えられている。なぜなら、主流メディアに無視されているマイノリティーの人た

5. 特色ある番組づくり 111

ちに、メディアへのアクセスを提供することが、WORT の使命の一つだからである。

『Eight O'clock Buz』は『8時のおしゃべり』という意味で、朝8時のニュースを交えたトーク・ショウである。水曜日のホストを務めるのはジャン・ミヤサキさんで、本業は弁護士で、女性の買売春関係の事件を主に扱っている。ミヤサキさんは、前述の『Her Turn』のメンバーにもなっている。彼女は、日系アメリカ人なので、アジア系アメリカ人の問題や、アジアの問題にも関心が深く、大学でも講師として、アジア系アメリカ人の問題について教えたりもしている。したがって、彼女は女性問題やマイノリティーに関係する問題をよく取り上げている。また、彼女の時間枠の一部を使って、労働者および組合関係のニュースを流していたこともある。ミヤサキさんに、彼女のトーク・ショウの特徴を尋ねてみた。

ここでミヤサキさんは、二つの重要な問題にふれている。一つは、人々の声（英語では、「ボイス」と言っている）を番組に反映させるということである。まず人々の「声」の問題について、ミヤサキさんは次のように言う。

ミヤサキ：「8時のおしゃべり」の中心的となる視点は、地域への視点をもった公共問題番組ということです。だから、私は、あるコミュニティの問題について、そのコミュニティで活動をしている人を呼んで話してもらいます。そして、私が作っているこの番組でやりたいと思っていることは、他のマジソン、ウィスコンシンのローカル局では聴かれないような、他のメディアからは排除されてしまうような、多くの様々な人々の声を取り入れることです。

ミヤサキさんが重視するもう一つのことは、地域で、グローバルな話題を

討論するということである。ミヤサキさんは以下のように述べている。

ミヤサキ：　国家の問題や、国際的問題について地域で議論をもつことです。このような国家や国際的な問題についての視点をもった論者が、地域の視点をもった人々と交わるように、そのような人々が一緒に話す機会を設けるようにしています。

　そのほか、彼女は、具体的に、どのような工夫をこらしているかについても触れていた。しろうとならではの、番組作りへの配慮があるということだといえるだろう。以下では、WORT の事例をふまえて、オルタナティブ・メディアの可能性について考えてみることにする。

6. オルタナティブ・メディアの可能性

　社会においてどのような知識が流通しているのかという質的な観点から鑑みた時、主流メディアを通して流れる知識は、支配層の利益を反映しがちなことは否定できない事実である。中立性とか、異なった意見をバランスよく報道するという建前の下に、社会的弱者の意見は軽視されがちになる可能性が高い。特に、国家や大企業は、独自の広報メディアをもっていることも多いし、メディア市場を支配する経済力および政治力を行使することも可能である。右翼がメディアを実質的にのっとってしまうこともないとはいえない。このようなメディアの「所有」「操作」を通して、いつのまにか、「大衆」が政府、大企業、あるいはナショナリストの立場をとってしまう危険性は、広く指摘されている。このような状況のなかで、社会的弱者の声を反映するメディアの存在は、健全な民主主義の発展および維持の鍵を握っているといえるのではないだろうか。

　このように考えると、WORT のような、一般市民が作り手として参加するオルタナティブ・メディアが、民主的で公正な社会の実現という目標に向けて、主流メディアにはない様々な利点および可能性をもつことに注目することは重要だろう。第一に、オルタナティブ・メディアでは、視聴者自身の

制作過程への参加、ただ役割を分担するだけでなく、現実に意見を反映させることが可能である。情報の「受け手」が「発信者」にもなることができる点が特に重要だといえるだろう。先のストックウェルさんの言葉を借りれば、「音楽、文化、ニュース、そして情報を分かち合うという目的のために、コミュニティの人々が、放送電波へアクセスし表現活動に参加する機会を高めること」が可能となるということである。

第二に、オルタナティブ・メディアという立場を生かして、主流のメディアにあまり反映されない社会的弱者の声・立場を放送に反映させる場を提供できるという点にも注目するべきだろう。例えば、WORTは「他のメディアによってあまりその立場が表されていない聴衆」、すなわち、貧しい人々、人種的マイノリティー、女性、ゲイ・レズビアンなどに向けた局の在り方を目指すというように、はっきりとその進歩的、革新的な立場を宣言している。つまり、制作過程への参加において、人々の共通基盤となるべき価値観を明記している点に特長があるといえる。

最後に、WORTは「ユニークで多様な番組編成を通じて、聴者が文化的に、また知的に抱きやすい『思い込み』に対して挑戦すること」をその使命の一つとして謳っている。主流メディアに現れるような文化・情報を批判的に見るような視点を提供しようということである。そこでは、地域的、個人的な知識・情報が尊重されることになる。例えば、生活保護を打ち切られようとしている近所の母子家庭の母親に実際インタビューしてその生活を語ってもらったり、地域に湾岸戦争反対デモの主催者に意見を聞くなど、マス・メディアが取り上げない話題を探し、それを自分たちで報道するということである。その過程で、ニュースが「作られる」ものであることもわかり、「作られた」ニュースを読む能力、つまり、メディア・リテラシーも高まることになるのである。この点に関して、もう一度ストックウェルさんの言葉を紹介しよう。

ストックウェル： 私たちは、人々に自分自身のメディアを作る機会を提供する

こともします。ニュース部でボランティアをしたり、様々な異なる種類の音楽と文化に興味のある人は、演奏して、それを彼ら自身の録音された音楽を使った番組に含めたりします。そして、その他に局がしていることは、メディア・リテラシーを育てることを助けるということです。日々、人々がラジオやテレビ、雑誌などを通じてメディアのなかで何を得ているのか理解することを助け、それらのメッセージがどのような意味があるのかを解読する手ほどきをするということです。なぜなら、一度あなた自身が自分のメディアを作るようになると、どのようにニュースやラジオが作られているのかを理解できるようになり、あなたは、どのようなメッセージを得ているのかを分析できるようになって、もはや文化の受動的な消費者ではなく、その参加者となるからです。

　もちろん、オルタナティブ・メディアに問題がないわけではない。例えば、WORT は日本で聞いているラジオに比べると、つたない失敗も少なくない。ある意味では、製作者は「しろうと」なのだから当たり前だといえる。局の財政も限られているので、機械も古いものが多く、ノイズが入るのはまだ良いほうで、途中でテープが回らなくなって、急遽予定を変更することなどもある。日本の多くのラジオ局のように秒単位で正確に番組が受け渡しされるのではなく、数分狂うことは日常茶飯事である。ある意味では、技術的につたないために聞き苦しいところもないとはいえない。

　しかし、メディアの存在価値は、単に技術的な面からではなく、伝えようとする内容、情報知識の質から問い直される必要があるのだといえる。現在、日本でも、ミニ FM 局が増えてきて、特色のあるラジオ局も誕生しつつある。オルタナティブ・メディアを目指したいという人々も出てきているのではないだろうか。もちろん、日本と合衆国では、法的制度などの条件が違うと言う人々もいるかもしれないが、ラジオやテレビといったメディア領域に、普通の人々がボランティアとして参加し、社会変革の一翼を担っていくような在り方は、現在の日本社会においても必要とされているのではないだろうか。その際に、WORT のあり方は、大きな参考になるのではなかろうか。

　　（本章は以下の論文に加筆修正したものである。井口博充 1998 「オルタナティブ・メディアとしてのコミュニティ・ラジオ──合州国ウィスコンシン州 WORT 局を訪ねて」『マスコミ市民』359 号。）

ボキャブラリー

オルタナティブ・メディア、コミュニティ・ラジオ、パブリック・アクセス・テレビ

課題

1. 自分の身近なところでも、オルタナティブ・メディアやコミュニティ・ラジオのような運動を探してみて、そのような活動をしている人にその活動や成り立ちについて話を聞いてみよう。(地域の、親子劇場とか、公民館のような運動も、広い意味では、オルタナティブ・メディアといえるだろう。)

文献

井口博充 1998「オルタナティブ・メディアとしてのコミュニティ・ラジオ——合州国ウィスコンシン州 WORT 局を訪ねて」『マスコミ市民』359号。

児島和人・宮崎寿子編著 1998『表現する市民たち』日本放送出版協会。

民衆のメディア連絡会編 1996『市民メディア入門』創風社出版。

鈴木みどり編 1997『メディア・リテラシーを学ぶ人のために』世界思想社。

第6章　幼児番組と商業主義
――『テレタビーズ』をめぐって――

　メディアの商業主義化の問題は、これまでも番組内容の通俗化、俗悪化との関係からしばしば指摘されてきた。本章では、イギリスのBBC放送が、幼児のために製作した『テレタビーズ』という人気番組を取り上げてみたい。『テレタビーズ』は日本でも放映されているはずなので、興味のある人は、一度番組を視聴してみることをすすめたい。

　さて、テレタビーズの放映は、製作国イギリスや、番組がヒットしたアメリカ合衆国で、教育とマス・メディア、あるいはマス・メディアと商業主義の問題にかかわる、興味ある議論を引き起こし、話題になった。以下では、『テレタビーズ』をめぐる論争を通して、教育メディアと商業主義の問題について考えてみたい。

　マス・メディアと商業主義については、これまで広告産業の問題や「やらせ」の問題との関連で、メディア研究の中では様々な角度から論じられてきた。しかし、この『テレタビーズ』の例は、幼児にテレビを見せることの意味と絡んで、かなり複雑で新しい問題を提起している例だと言えるだろう。

　まず、始めに『テレタビーズ』という番組について、簡単に説明しておこう。

1.　『テレタビーズ』(Teletubbies) とは

　『テレタビーズ』(Teletubbies) は、1997年よりイギリスの公共放送のBBCによって放送されている1歳以上の幼児向けのテレビ番組である。これまで児童向けの教育的テレビ番組は数多く製作放送されてきたが、言語を解さない1〜2歳の幼児向けの番組は存在しなかった。『テレタビーズ』は、放送

開始後数ヶ月の内に、200万人以上の視聴者をもつ大ヒットとなり、翌98年4月からは、合衆国の公共放送（PBS）でも放送が開始された。1997年にテレタビ関連商品は、英国で最も売れたおもちゃとなり、プログラムの関連商品は、2億3000万ポンドの利益を生み出している（Lynn and Poussant 1999）。

　現在、『テレタビーズ』は50ヶ国以上で放送され、BBCのドル箱番組となっている。日本でもテレビ東京系チャンネルで、現在放送され、そのキャラクター・グッズは人気が出てきているようだ（写真参照）。

　まず、番組の内容を簡単に説明してみよう。この番組の主人公は、4人のテレタビたちである。4人は、まだおむつのとれない幼児に似た体型の、巨大ぬいぐるみによって演じられている。紫色の服を着ているのが、ティンキー・ウィンキー、黄色の服を着ているのがラー・ラー、緑色がディプシー、赤がポーで、ティンキー・ウィンキーが一番大きく、ポーが一番小さい。肌の色も少しずつ異なり、ティンキー・ウィンキーとポーは白いが、ラー・ラーは黄色で、ディプシーは、茶褐色である。

　テレタビたちの住んでいる場所は、テレタビランド。実際には、丘の多いイギリスの田園地帯をセットとして撮影されている。セットでは、至る所に実物のウサギが這い回っている（ちなみに、ウサギはこの番組用に特別に飼育されているという）。彼らは、南極の観測基地のようなドーム（タビトロニック・スーパードームと呼ばれている）に住んでいる。番組は、いつも最初に太陽が現れ、テレタビたちが登場するシーンから始まる。太陽に、乳児の顔が投射されており、ときどき笑ったり声を出したりする。

　テレタビたちはダンスをしたり、遊んだり、発見をしたりして1日を暮らすのである。テレタビたちに、ああしろ、こうしろと言う大人はいない。楽しく1日を過ごした後、テレタビたちは1人ずつ「バイバイ」と言って、ドー

ムの頂上に開いている穴から屋内に隠れ、太陽が沈んで番組は終わりとなる。テレタビの家では、ヌー・ヌーという掃除機がテレタビたちの世話をしているが、トーストを作ったりするのはテレタビたちが自分たちでしている。テレタビは、自立した赤ちゃんだといえるだろう。

　テレタビは、テクノロジー・ベイビーとされている。テレタビたちは、それぞれ頭に形が異なるアンテナをもち、お腹にはテレビ・スクリーンをもっている。アンテナが電波を受信すると、アンテナが光り、お腹のテレビが現実の人間世界の子どもの活動を映し出すようになっている。映し出される情景は、子どもたちが料理をしたり、野外で踊っていたり、という日常的なものが普通である。おもしろいのは、このシーンは2度くり返して放映されるところである。2度くり返すことにより、幼児の理解を高めるというねらいがあると説明されている。

　テレタビたちは、（擬似的な）幼児語を話しており、正しい発音で、きちんとしたセンテンスを話すことはない。彼らは、「エーオー」という感嘆の声をよく出す。一話一話のストーリーを実際に書いているのは、アンドリュー・ダベンポートでスピーチ・サイエンスの学位をもっているという。テレタビの制作者たちは番組作りに際し、保育園の教師や言語学者にインタビューしたり、子どもたちを観察したりし、番組を通して幼児が一番効率的な形で言語を修得し、適切な行動ができるようになることに配慮したという話である。解説によると「テレタビの言語は、1歳児の発話しようとする努力を正確に反映し、子どもが魅力的なキャラクターと同一化することによって、彼ら自身の言語発達を確実に推進する」とされている（ちなみに、以上のような番組制作者側の説明が、真に学問的に正しいかどうかは別である）。

　このように『テレタビーズ』は、一見、問題のなさそうな子ども番組なのだが、様々な論争を引き起こして注目された。以下では、主な論争のいくつかを紹介してみよう。

2. 『テレタビーズ』は有害か？

　『テレタビーズ』は、それまでになく幼い年齢の子どもたちを対象にしていたために、番組の教育効果に関する論争、さらには幼児にテレビを見せることの是非をめぐる論争を巻き起した。イギリスの左翼系政治情報誌のニュー・ステイツマン誌は、イギリスでは、放送初期において、古典的教養主義を重視する保守的な教育観をもった親から、『テレタビーズ』のストーリーの内容が日常の遊びに偏ったもので、得るものがない低俗番組だと批判されたとしている（Diamond 1997）。

　ここで、古典的教養主義について少し解説しておこう。古典的教養主義とは、子どもたちが社会的に「価値がある」と見なされている文化を身に付ける教育を重視する考え方である。幼児といえども、正しい言葉づかいを学び、初歩的ではあっても学問的な内容を教えられるべきだと主張する考え方だと言える。日本にも、似たような論争がある。幼児言葉はよいか悪いか、とか、敬語を正しく使えるようにする方がよいか悪いかとか。

　古典教養主義は、主張としてはもっともな面もあるが、多くの場合、「価値がある」文化を非常に狭く限定する傾向があり、逆に視野の狭い教育論に陥る危険性が指摘されている。言い換えると、確かに、一般的に、子どもの、あるいは、人々の教養は高い方がよいと考えられるが、その教養の中身を非常に狭く定義すると、それにあてはまらない人は、教養がない人ということになってしまう。シェイクスピアはいいけど、ディケンズはダメとか、シェイクスピアとディケンズはいいけど、現代作家のものはダメとか。ニュー・ステイツマン誌の論者は、『テレタビーズ』批判は、BBCの番組は革新的すぎるとして常々批判している保守派による、恒例のBBC批判の一環だと考えたようである。

　しかし、テレタビをめぐる論争の面白い点は、批判者がこのような保守的な教養主義者に限られていないことである。例えば、子どものテレビ視聴を精神医学の立場から研究しているスーザン・リンとアルビン・プーサンは、合衆国のPBSが『テレタビーズ』を放送することに対して以下のような懸念

2. 『テレタビーズ』は有害か？　121

を示している。

　『テレタビーズ』について心配なことは、これまでのところ番組が1歳児にとって教育的であるという制作者の主張を裏づけする証拠がないことである。この番組が、赤ちゃんの言語の修得を助けることになることを示している研究はないし、12ヶ月児の運動の発達を促進することを示唆している研究もないのである。小さい子どもたちが、テクノロジーを気安く受け入れられるようになることを学ぶ必要があるという主張を立証するようなデータもない。実際のところ、『テレタビーズ』に教育的な価値があることを証明するような、文章化された証拠は何もないのである（Lynn and Poussant 1999, p.19）。

　リンとプーサンは、今までの研究成果によると、あまりに早い時期におけるテレビ視聴は、幼児の脳および神経系の発達に悪影響を与える可能性があるとしている。例えば、アメリカ小児科学会は、2歳未満の子どもはテレビを視るべきではないという強い勧告を出しているということである。
　さらに、リンとプーサンは、『テレタビーズ』において、乳幼児が商業主義のターゲットになっていることも批判している。彼らは、『テレタビーズ』のマーケッティング戦略にも疑問を投げかけている。彼らは次のように述べる。

　［制作者がこの番組は、1歳児のためのものだと言っているにもかかわらず］現実には、『テレタビーズ』のマーケッティング戦略は、新生児も含んでいる。昨年の9月1日には、**PBS**キッズ（**PBS**の教育テレビ部門）、イッツィー・ビッツィー・エンターテインメント（『テレタビーズ』の合衆国代表者）、ラグドール・プロダクション（『テレタビーズ』の製作元）とワーナー・ホームビデオは、『テレタビーズ』のビデオの発売記念として、その日に生まれた赤ちゃんに、「ギフト・パック」を用意し、合衆国全域でプレゼントした。「ギフト・パック」には『テレタビーズがやって来た』『テレタビーズとダンスをしよう』というビデオ2本とハスブロ社のテレビのミニ縫いぐるみが入っていた。親たちがプレゼントをもらって喜んだことは疑いないが、「ギフト・パック」は新生児にとって利益があるのだろうか。それとも、これは、乳幼児を商業的に搾取することを目的として、非常にうまくいったニッチ・マーケティング（特定の人々を対象にした販売戦略）の一例なのだろ

うか (Lynn and Poussant 1999, p.24)。

　つまり、リンとプーサンは、『テレタビーズ』の教育的価値が確かではないのに、番組を売る努力だけが先行し過ぎていることを批判しているといえる。このような批判は、リンとプーサンに限らず、1998年春にロンドンで開かれた、各国の教育テレビ制作者、子どものテレビ視聴の研究者、市民グループが参加した第2回「子どものためのテレビ世界サミット」においても、同様な批判が出て議論が紛糾したようである。

　ここまでの3点の批判をまとめておこう。

　　　古典教養主義者―――「価値がない」低俗番組
　　　精神医学者　　―――発達によい影響を与えない
　　　　　　　　　　　　　マーケッティングの行き過ぎ

　さらに、『テレタビーズ』が、合衆国で放映されるようになって、別の側面に対する批判が注目をあびることとなった。ジェンダーとセクシュアリティの問題である。読者の方々の中には、どうして幼児番組の中でジェンダーとセクシュアリティが問題になるのか、と不思議に思われる方もいるかもしれない。以下では、この点について、詳しくみてみることにしよう。

3.『テレタビーズ』におけるジェンダーとセクシュアリティ

　以上のような幼児教育および商業主義をめぐる論争と並んで、合衆国で物議をかもしたのは、キリスト教原理主義者のジェリー・ファルウェル師の編集しているナショナル・リバティー・ジャーナル誌が掲載した批判である（*National Liberty Journal,* March 1999）。キリスト教原理主義者とは、英語では、Christian Foundamentalist と呼ばれることが多いが、キリスト教徒に限らず原理主義者的な考え方をとる人々は、どのような国にも存在する。例えば、イスラム教徒の多い国では、イスラム教原理主義者が存在し、国

3. 『テレタビーズ』におけるジェンダーとセクシュアリティ　123

によっては、そのような人々が権力を掌握し、イスラム教にのっとった政治をしている。

　ここで、少し原理主義者について説明しておこう。原理主義者の人たちは、ある種の価値観を絶対視し、それを、他の人々を抑圧し、統制するために用いようとする。気をつけて欲しいのは、ある種の価値観を広めることが、全て、原理主義というわけではないということである。ある種の価値観、例えば「民主主義」というアイデアを広め、それによって、より自由で、民主的、多様性に満ちた、オープンな社会を作っていくのは、普通は、原理主義には当てはまらない。原理主義者の人たちは、オープンな社会をつくるのとは反対に、ある種の価値観を用いて、異なる価値観をもつ人々を排除しようとする、あるいは、社会的に処罰しようとすることにその特徴がある。つまり、多様な社会をめざすというよりも、均質な、閉ざされた社会を作ろうとしているのだといえる。

　ところで、合衆国のキリスト教原理主義者だが、彼らは、聖書の中の道徳的価値をそのまま現代社会に適用しようとするキリスト教のセクトで、人工中絶反対などのキャンペーンの先頭に立ち、現在のアメリカで、共和党右派の強い支持基盤となっている政治勢力である。彼らは、女性は結婚後夫に従うべきだ、というような聖書の言葉を忠実に実行しようとし、また、他の人々にも実行するように求める。キリスト教原理主義者の間では、人種差別意識が根強く残っている場合が少なくない。そのような人々は、人種が異なる人々が交際すること、結婚することにも異議を唱えたりする。もちろん、彼らにとっては、同性愛は最も唾棄すべき悪徳の一つなのである。

　『テレタビーズ』に関して、ナショナル・リバティー・ジャーナル誌は、ティンキー・ウィンキー（テレタビの1人）が、意図的に同性愛を助長しようとする、ゲイ運動の一環であると非難し、親に『テレタビーズ』に注意するように呼び掛けた。ティンキー・ウィンキーがゲイだと言われる理由は、彼が紫色（ゲイ解放運動のシンボル色）の服を着ており、逆三角形（ゲイ解放運動のシンボル・マーク）のアンテナを頭に付けていて、男の子であるのに女性向

きの赤いハンドバックが好きで、よく持ち歩いているからである。

実際、ティンキー・ウィンキーは、男性の声により演じられており、「he」という代名詞で指示されている。ティンキー・ウィンキーについては、初期にイギリスで放送されている時から、ゲイの人たちがティンキー・ウィンキーと赤いハンドバックを観て喜んでいるといううわさがあったようだが、このような道徳的批判の対象にはなっていなかった。つまり、このようなナショナル・リバティー・ジャーナル誌のテレタビ批判は、現在の合衆国のジェンダーおよびセクシュアリティをめぐるポリティックスを反映しているといえるだろう。

さて、「ティンキー・ウィンキー＝ゲイ」という批判は、多くの人からは根拠のない批判だとみなされた。夜の人気番組『トゥナイトショウ』（NBC系）では、ホストのジェイ・レノが、ファルウェルの批判を笑いのネタにしていた。ジェイ・レノの番組は夜のお笑い番組の一つなので、レノの笑いのネタにされたということは、いかにファルウェルの主張が、ばかばかしいものとみなされたかという点を物語っている。

少し真面目な反論では、伝統ある政治オピニオン誌の一つ、ニュー・リパブリック誌で、主幹のチャールズ・レインが、以下のように述べている。

　私は、番組の制作者たちの、ティンキー・ウィンキーや他のテレタビを性的なものとして描くことなど全く意図していないという言葉を信じる。それには二つの理由がある。第一に、彼らが政府や企業からの資金に頼っていうのを鑑みると、ゲイを支持するようなメッセージや、その他の性的あるいは政治的に問題となるような内容のものを番組にもちこむことは、命取りになるということ。［中略］そして、第二にそれ［ファルウェルの批判］は馬鹿げている。テレタビたちは、赤ちゃんということになっている。赤ちゃんは、物理的にも精神的にも、その他の理由でも、ゲイ、ストレート、その他などというセクシュアリティに欠けたものであ

る。ときとして、ハンドバックはただのハンドバックなのである（Lane 1999, p.4）。

　では、『テレタビーズ』は、ジェンダーやセクシュアリティの問題と全く無関係だといっていいのだろうか？　筆者の分析するところでは、『テレタビーズ』にはジェンダー・ステレオタイプを崩そうという力が作用しているようにも考えられる。ティンキー・ウィンキーが赤いハンドバックが好きなのは、ごく表面的な例だが、一番小さい女の子のポーが、スクーターが好きで活発に遊んでいるというのもその例の一つといえるかもしれない。

　筆者が観た中で最も面白いと思う例は、ビデオの『テレタビーズとダンスをしよう』の中で、テレタビ4人が、交代でスカートを身に付けて踊るシーンである。ここでは、明らかにスカートは女の子のものという男女のステレオタイプ的な固定観念が変えられている。したがって、ファルウェルのようなキリスト教原理主義者が、『テレタビーズ』を嫌う理由がないというわけでもないかもしれない。しかし、逆に、多様性を尊重する社会の実現を目指し、ステレオタイプをなくそうとする視点からは、好ましい番組だと評価されるかもしれない。

　『テレタビーズ』が社会の多様性を考慮した番組作りをしていることは、先に述べたテレタビたちの肌の色が異なる点にも現れていると考えられる。ひと昔前の子ども番組では、主な登場人物が白人ばかりということもまれではなかった。近年では、様々な子ども番組にマイノリティ・グループに属するキャラクターが登場してきている。

　合衆国の進歩的な政治・文化誌ネーション誌のレポートによると『テレタビーズ』は、マルチナショナル・テレビ番組として世界中で放送するために、最初からできるだけ特定の文化的背景にもとづくようなものを排除しているということである（*Nation*, March 16, 1998）。テレタビのお腹に映る現実の子どもたちのシーンは、放送地域に合わせて簡単に取り替え可能であり、赤ちゃん言葉は、吹き替えの必要がないのである。テレタビランドの緑の丘にも特定の場所を想定させるようなものがほとんどない。実際、イッツィー・ビイ

ツィー・エンターテインメントの代表ケン・ビーゼルマンは「子どもたちの要求するものはどこでも同じなのだ。だから『テレタビーズ』は普遍的なのだ」とも述べている。

しかし、『テレタビーズ』は普遍的なのだ、という言葉は、かなり疑わしいように思える。いくら『テレタビーズ』が、特定の文化的背景にもとづくようなものを排除して製作されたとはいえ、全ての、価値観を排除して作られているわけではないのは当然である。例えば、商業ベースにのせるというのも、一つの価値観にもとづくわけで、その意味で、先にも取り上げたように、きちんと批判していくことが必要ではないかだろうか。おそらく、『テレタビーズ』がステレオタイプをなくそうという方向であるのと、世界を相手にマーケッティングしているということは、表裏一体の関係であるといえる。文化的偏見を是正しようとしているということは表向きの理由で、実際にはグローバルな商業主義なのかも知れない。このような理由から、最後に、少し、『テレタビーズ』をめぐる論争を、どのように考えていったらよいか、について述べておきたいと思う。

4.『テレタビーズ』における「幼児」

まず、第一に、『テレタビーズ』論争を理解する上で、まず重要なのは、論争で異なる立場をとる人々の間で「幼児」をどのような存在と考えるかという点に、大きな違いがあることだと考えられる。つまり、論争は論者の描く「幼児」イメージの違いを反映しているわけである。

例えば、古典教養主義者は「幼児」を小さな大人としてイメージしているが、子どもを商業主義から護ることを主張する人々は「幼児」を外的諸力から保護されるべき存在とみなしている。キリスト教原理主義者にとって、「幼児」は「正しい」ジェンダーやセクシュアリティが教えられるべき存在であり、合衆国一の般的人々にとっては、「幼児」はジェンダーやセクシュアリティのない存在であるとみなされている。そういう意味で、イメージは、人々のものの見方を左右し、大きな社会的影響力をもっているのだといえる。

したがって、私たちは、この論争のなかでどのような立場をとるかにかかわらず、これらのイメージをきちんと検討してみることが必要であろう。

日本でも、『テレタビーズ』グッズが出回りはじめている。赤ちゃんがほしがるというよりは、親がテレタビのファンであったりする。『テレタビーズ』は「かわいい」ものとして捉えられているといえるだろう。それはとりもなおさず「幼児＝かわいい」というイメージの反映であるのだ。しかし、「幼児」を「かわいい」ものとしてだけみることは、「幼児」のもつ様々な側面を見逃すことになる。幼児とはいっても、一個の自律性をもつ人間であり、単なる「かわいい」モノではない。また、幼児の主体性は、周囲の大人のもつ「幼児」イメージとの関わりの中で構築されていくと考えられる。幼児が「かわいい」だけの存在であるのは問題であろう。日本でも、『テレタビーズ』のような番組に対して、様々な見方が出現し、子ども向けのテレビ番組がどうあるべきかという論争が深まることが、子ども番組のための民主的なメディア環境を作っていく上で重要なのではないだろうか。

第二に、論争に投影されている幼児の「イメージ」だけでなく、論争を通じて争われる命題の真偽は、それはそれとして重要だといえる。例えば、「幼児のテレビ視聴は脳の発達を阻害する」といった命題である。今までのところ、幼児のテレビ視聴に関する研究が十分に説得的な結論を提供しているようにも思われない。幼児に対するテレビの影響一つをとっても、医学的、生理学的に、脳および神経系の発達に影響があるという点は、さらに研究されるべきであろう。また、子どもとテレビの認知心理学的研究も重要である。そういう意味で、様々な専門分野の研究者が、子供番組について、興味関心を抱き、研究をしていくことが、必要になると思われる。一般の人々も、そういった研究結果に親しむと同時に、専門家の意見だからうのみにするのではなく、批判的に検討できるような教養や知識や能力を身に付けていくべきだろう。

さらに、社会学者の立場からは、子どもをオーディエンスとして調査する社会学的研究もなされる必要があるように考えられる。今回取り上げた批判

も、当たり前ではあるが、大人がする子ども番組の批判なわけである。もちろん、赤ちゃんをどうやって調査するのか、という方法的な問題があるが、赤ちゃんより少し年上の、幼稚園児ならば、実際にインタビューすることなど、決して不可能ではないだろう。また、子どものテレビ視聴の様子を観察するというのも、重要なデータを生む場合が多くある。そういう意味で、子どもの視点に近付いた形での社会学的な調査を行ってみることも重要だといえるだろう。さらに、教育学的には「教育的効果」を番組視聴の直接の結果だけから測定するのではなく、長期的に子どもにとってどのような利益、不利益をもたらすのかを考察することも重要であると思われる。

（本章は以下の論文に加筆修正したものである。井口博充 2000「社会現象としての『テレタビーズ』——幼児とテレビをめぐる論争」『マスコミ市民』376 号。）

ボキャブラリー

古典教養主義、原理主義、

課　題

　日本の子ども番組を見て、それがどのような価値観に乗っ取っているのか、どのような「子ども」観を前提にしているのか考えてみよう。

文　献

今津孝次郎・樋田大二郎 編 1997『教育言説をどう読むか』新曜社。

菅谷明子 2000『メディア・リテラシー』岩波書店。

鈴木みどり 編 1997『メディア・リテラシーを学ぶ人のために』世界思想社。

Apple, Michael W.［マイケル・W・アップル］, 1993, *Official Knowledge: Democratic Education in a Conservative Age*, London, Routledge.［日本語訳近刊、東信堂］

Hodge, Robert and Tripp, David［ロバート・ホッジ、デイビッド・トリップ］, 1986, *Children and Television*, Stanford, Stanford University Press.

Lane, Charles［チャールズ・レイン］, 1999,"TRB: TUBBy ACHE Jerry Falwell's silly crusade against an innocuous Kid's Show," *New Republic*, vol.220, No.10 (March 8)

Lynn, Susan E., and Poussant, Alvin F.［スーザン・E・リン、アルビン・F・プーサン］, 1999, "The Trouble with Teletubbies: The Commercialization of PBS," *American Prospect*, No.44 (May-June).

Steinberg, Shirley R., and Kincheloe, Joe L.［シャーリー・R・スタインバーグ、ジョー・L・キンチェロー］(eds), 1997, *Kinderculture*、Boulder, Westview Press.

第7章　子どもの政治参加とメディア・リテラシー

　本章では、子どもの政治参加についてマスコミが果たす役割について考えてみたい。日本でも、若者が政治に無関心になっているとか、投票率が低下しているとか、人々の選挙離れを指摘する声が聞かれて久しくなっている。このようないわゆる若者の選挙離れの現象は、日本に限った問題ではない。民主主義の牙城を自認するアメリカ合衆国でも、投票率は必ずしも高くはなく、現在、多かれ少なかれ同じような問題を抱えていると考えられる。市民の政治参加が民主主義の基礎だと考えられるが、選挙への関心が低下すれば、民主主義の原則が適切に機能しなくなっていくことは明らかだろう。今回は、このような状況に対して、マス・メディアの貢献できる可能性について考えてみたいと思う。

　以下で取り上げる事例は、『子ども投票98』("KidsVote '98")という、ウィスコンシン公共放送 (Wisconsin Public Television) が製作した、子どもの選挙に対する意識を高めるための番組で、1998年に放映されたものである。では、まず、この番組の概要を、簡単に説明することから始めよう。

1. 『子ども投票98』の概要

　合衆国中西部のウィスコンシン州では、1998年11月3日に、州知事選、国会上院議員選、国会下院議員選、市町村議員選などの投票が行われた。この選挙に先立つ10月29日に、ウィスコンシン公共放送では『子ども投票98』という番組を放送した。

　『子ども投票98』の製作を後援したのは、ウィスコンシン女性有権者連盟 (The League of Women Voters of Wisconsin)。ウィスコンシン女性有権者同盟は、1920年に女性が参政権をもつと同時に設立された全国組織で、特定の政党

を支持することなく、草の根レベルの活動を通して、様々な領域の公共政策に対して影響を与えることを目的としている。社会教育分野での活動も多く、特に、市民の政治教育には、教育基金を設立し力を入れている。

ウィスコンシン女性有権者連盟では、子どもによる模擬投票を、1980年代前半から全米各地で行っているが、ウィスコンシン州では1990年から、公立・私立を問わず全ての学校に参加を呼びかけ、多くの学校が参加するようになっている。投票は、1998年は、10月27日に行われ、ウィスコンシン州内の256校、小中高生約5万人が参加した。

ウィスコンシン公共放送では、選挙の前には、有権者の選挙に対する関心を高めるために、いろいろな特別プログラムを組んでいる。番組「子ども投票」もその一つで、女性有権者同盟の子ども模擬投票とタイアップした形で製作され、選挙への関心を高めるために一役かっている。同時に、同番組を通して、将来の有権者意識を育てようという教育的意図もあるわけである（公共放送における教育番組の比重は大きい）。ウィスコンシン公共放送は、94年の選挙以来3回にわたって「子ども投票」の番組を製作してきた。製作担当者の話によると、今回の番組の出来が一番よかったと言っていた。やはり、よい番組制作にはそれなりの蓄積が必要ということなのであろう。

この番組のキャッチ・フレーズは、「子どもは考えているし、関心をもっているし、選挙もする」（"Kids Think, Kids Care, Kids Vote"）というものである。番組は、子どもたちがこのフレーズを唱えるところから始まる。番組は全体で30分と短いが、模擬選挙の結果の発表に加えて、子どもの政治参加への意欲を高めるような企画がもられていた。この番組は、小中高生の子どもたちからなるレポーター・チームが、実際に州知事候補にインタビューするという試みや、スタジオの子どもたちが上院議員候補のテレビ選挙広告を比較・分析するという内容から成り立っていた。両方とも、子どもが選挙や政治に対する批判力を十分にもち、メディアが政治参加のための市民意識を育てるという教育機能を果たせることをよく示していた。以下では、知事候補への

インタビューと選挙広告の分析という二つの内容を、もう少し詳しくみてみよう。

2. 州知事候補に対するインタビュー

　州知事候補者へのインタビューは、「政治に関心がある」ということであらかじめ選ばれた10歳から17歳の子どもたち6人のレポーターによって行われた。「政治に関心がある」という点からして、出演した子どもたちは一般の子どもたちよりも批判力に優れた者たちだったと考えられる。つまり、教育番組として、一般の子どもたちにお手本となるような子ども像を提供したということである。質問項目は、子どもたち自身が考えたもので、もともとは全部で20項目あまりあったということだが、実際に放映されたのはそのうちの五つであった。

　初めに登場したのは、民主党の候補者で、革新的な弁護士のエド・ガーベイ氏である。彼は、知事選に立候補したのは初めてで、副知事候補の女性と共に各地を遊説し、徹底して一人ひとりの有権者に直接呼びかけるという、金をかけない草の根選挙運動を戦ってきた。彼の選挙運動はマスコミでは不評で、「ガーベイ氏のようなやり方では選挙に勝てない」とか、「王様に対する農民の反乱のようなものだ」とか、批判、揶揄されてきた。支持基盤である民主党も、勝てないと判断したのか、あまり力を入れた選挙運動をしていないようにも見えた。では、子どもレポーターたちはガーベイ氏にどのような判断を下したのだろうか。

　レポーターたちのガーベイ氏に対する最初の質問は、少年犯罪についてであった。現在、合衆国では青少年の犯罪が増加していると言われており、ウィスコンシン州でも政治的な話題の一つとなってきている。「少年犯罪更生施設に入って

いる人数をどうしたら減らせるか」という質問に対し、ガーベイ氏は、少年院や更生施設を増設するよりも、少年たちが犯罪に走る以前に、学校を放課後開放するなどして音楽やスポーツ、芸術的活動の機会を多く提供し、子どもを罰するのではなく、意味をもった活動の場を作るという、環境作りが重要であると主張していた。

次の質問は、選挙運動の資金に関するもので、金権選挙をめぐる大人社会の論議を反映したものだった。子どもレポーターの「資金（規制）改革は必要か」という質問に対して、ガーベイ氏は、政治家がお金をもらうことが腐敗につながる危険性について指摘していた。さらに、「選挙資金のインターネット上での公開（誰がいくら寄付したのかのリストを公表すること）は必要か」という質問に対しては、ガーベイ氏は、自分はすでに自主的に公開していると応えていた。

また、選挙で選ばれる政治ポストに任期制限を設けるべきかという質問に、ガーベイ氏は、2期8年に制限するべきだとして、「絶対権力は、絶対に腐敗する」という金言を引いて、長期にわたる政権は利権と癒着しやすいと述べていた。子どもレポーターの1人が「任期制限はあなたがなった場合にも当てはまるか」と質問すると、ガーベイ氏は「当然自分にも当てはまる」と応えていた。

インタビューの後、レポーターたちはガーベイ氏の回答について討論した。そこでは、ガーベイ氏が自分の任期も制限すると言った点、青少年犯罪の防止に対し社会教育の機会を増やすという予防措置を主張したことが、高く評価されていたようであった。さらに、ガーベイ氏が「新しいアイディアを出すことにあなたたちも協力してほしい」と言ったことに対して、「私たちにも何かできることがあるのだなあとわかり、感銘を受けた」と言っていたレポーターもいた。ガーベイ氏の公約と行為の一致に、レポーターたちはよい評価を与えていたように見えた。

以下に、放映部分の、ガーベイ氏と子供たちのやり取り、子どもたちの感

想をまとめておこう。

子どもたちの質問	ガーベイ氏の返答
青少年犯罪の増加	子どものための環境作りが重要
選挙資金規制	賛成
任期制限	賛成

子どもたちの感想
　　ガーベイ氏が自分の任期も制限すると言った点、青少年犯罪の防止に対し社会教育の機会を増やすという予防措置を主張したことが、高く評価された。ガーベイ氏の公約と行為の一致に、よい評価を与えた。

　ガーベイ氏に続いて、ガーベイ氏の対立候補、現職［当時］の共和党知事トミー・トンプソン氏も番組に登場した。トンプソン氏は、中道右派の政策をとり、共和党の副大統領候補のリストにもあげられるやり手である。経済政策の成功、自助努力を重視する福祉政策改革（革新勢力からは福祉切り捨て政策だと批判されている）が評判が良いことなどを背景に、ウィスコンシン州知事としては、史上初の4期目を目指している。

　子どもレポーターから、トンプソン氏に対しても同様の質問がなされた。最初の少年犯罪更生施設に入っている人数をどうしたら減らせるかという質問に対して、トンプソン氏は「まず子どもを学校に留まらせる（高校教育をおえさせる）ことが重要で、もし犯罪を犯してしまったら社会復帰のための徹底的な教育が必要だ」と応えていた。トンプソン氏の過去の政策は、どちらかといえば、「タフ・オン・クライムス」（tough on crimes）、つまり犯罪に対する厳罰主義で、教育予算を減らし監獄を増設するなどしてきている。したがって、ここでの彼の言葉は信念に満ちたものというよりは、用意した原稿の一部を読むような印象を与えるものであった。

　選挙運動の資金規制改革に対して、トンプソン氏は、自分が共和党、民主党、中立の人々からなる諮問委員会を設置し、その委員会による改正案を押したことを強調し、「法案は、議会で通らなかったので、もう一度通るよう

努力してみたい」と述べていた。選挙資金のインターネットでの公開については、すでに法律となっているので、次の選挙から実施されると応えていた。しかし、それに続いて1人のレポーターが「それでは、あなた自身はすでに公開しているのか」という鋭い質問をすると、まだ公開していないが、次の選挙では皆が公開するようになると応えた。ちなみに、今のところ、トンプソン氏は次の選挙には出馬しないと推測されている。つまり、自分は、公開するつもりはないということなのである。

　任期制限については、任期は有権者の判断にまかせるべきこと、つまり選挙に勝てば何期でも可能ということで、制限をもうけることは有能な人材の能力を制限することにもなりかねないと応えていた。ここでの、トンプソン氏の言葉は、うらを返すと、自分は、能力があるので、何回でも知事になっているのだ、といっているようなものだといえる。

　以上のように、子どもレポーターたちは現職の知事におくすることなく、自分たちが問題だと考える点をストレートに尋ねていた。インタビュー後の討論でも、トンプソン氏の業績を評価しつつも、自分たちの批判点を明確に表現していた。例えば、トンプソン氏が少年犯罪の問題に答える際に伏し目勝ちでレポーターたちを直視していなかったこと（つまり、彼の主張がやや誠実さに欠けるものであること）、他の質問で自分の知事としての業績や権限をひけらかしているように見えたこと、さらに自分が成立させた法律（選挙資金の公開）を実践していないのは偽善的であることなどがレポーターたちによって批判されていた。

　トンプソン氏に対する子どもたちのやり取りと、感想をまとめておこう。

子どもたちの質問	トンプソン氏の返答
青少年犯罪の増加	教育／再教育（実は、厳罰主義）
選挙資金規制	賛成（しかし、自分は選挙資金公開せず）
任期制限	反対

子どもたちの感想
　トンプソン氏の業績を評価。主張がやや誠実さに欠けた。他の質問で自分の知事としての業績や権限をひけらかしているように見えた。自分が成立させた法律（選挙資金の公開）を実践していないのは偽善的だ。

　このように整理してみると、子どもとはいえ、きちんと批判できるものだ、ということがわかるだろう。さて、1998年の選挙では、選挙資金の問題と同時に、選挙広告の問題が話題となっていた。子ども投票は、そのことも取り上げて、子どもたちに、実際に、選挙広告を分析する場を提供していた。以下では、子どもたちの選挙広告分析を検討してみよう。

3. 子どもによる選挙広告の分析

　選挙広告の分析の部分では、激戦が予想されていた上院議員選（改選1議席）のテレビ広告をスタジオの子どもたち（先の6人のレポーターも参加している）が分析した。この上院議員選には5人の候補が立ったが、事実上、現職の民主党ラス・ファインゴールド上院議員と現下院議員の共和党マーク・ニューマン氏の一騎打ちとなった。

　ファインゴールド氏は、若手ながら、上院における金権選挙反対派の旗手で、選挙資金規制法案の提案者である。今回の選挙も、自分の案にのっとって制限した資金の枠にこだわって、その枠内で選挙戦を闘ってきた。

　これに対して、ニューマン氏は先回96年の下院選では、手段を選ばない選挙運動で、莫大な資金を投入して僅差で当選している。ニューマン氏は、右派の各種政治団体や企業等からの援助による豊かな政治資金と、ネガティブ・アド（negative advertisement）で知られている。

　ここでいうネガティブ・アドについて、少し、説明しておこう。ネガティブ・アドとは自分の選挙公約の長所を述べるのではなく、相手候補の「欠点」や「失敗」を攻撃する選挙広告のことである。あげられる「欠点」や「失敗」は必ずしも事実ではない場合も少なくない。

　合衆国では、候補者が民間放送の広告枠を買って、自分の選挙公約などを

宣伝するが、数十万から数百万ドルにも達する費用がかかり、そのため米国の近年の選挙は莫大な資金を要するものとなってきている。日本でも政党の広告などがテレビで流されることが、珍しくはなくなっているが、その重要性にはかなり大きな差があり、選挙戦が盛り上がってくると、その党のイメージを改善して、相手のイメージを低下させるような戦略的な広告が頻繁にテレビに登場してくる。

　さて、今回、ニューマン氏は、どのような、ネガティブ・アドを流したのだろうか。番組では、まず、ニューマン氏の『ロシアの猿』（Russian monkey）と題された選挙広告が見せられた。この広告は、ファインゴールド氏が財政緊縮を訴えているにもかかわらずロシアとの共同の宇宙衛星プロジェクトに資金を出すことに賛成したことを非難するものであった。宇宙衛星に乗っているように見える猿が、ロシア語のような言葉で、わけのわからないことを叫びながら遊んでいるというものである。猿の場面は白黒で字幕までついており、実験のばかばかしさを強調し、広告は「おもしろ、おかしい」ものとなっている。筆者は、この広告は人種差別的で悪趣味なものだという印象をもった。では、子どもたちはどのように反応したのだろうか。

　『ロシアの猿』広告に対する子どもたちの反応はとても活発だった。スタジオの子どもたちが相次いで発言し、短い広告の間にロケットに猿を乗せて打ち上げることの背景は説明できないというものから、ファインゴールド氏は緊縮財政を最も強力に推し進めている政治家であり、ロシアとの共同の宇宙衛星プロジェクトを支持していることのみを取り上げて批判するのはおかしい、このような「おもしろ、おかしい」広告は、その背景となる事実を隠してしまうのでとても危険だなどの意見が出され、多くは、この広告がネガティブ・アドであることを理解して、批判していたといえる。

　ニューマン氏のネガティブ・アドに対する子どもたちの議論をまとめておこう。

- 短い広告の間にロケットに猿を乗せて打ち上げることの背景は説明できない。
- ファインゴールド氏は緊縮財政を最も強力に推し進めている政治家であり、ロシアとの共同の宇宙衛星プロジェクトを支持していることのみを取り上げて批判するのはおかしい。
- このような「おもしろ、おかしい」広告は、その背景となる事実を隠してしまうのでとても危険だ。

　このように彼らは子どもとはいえ、かなり的を射た批判をしているといえるだろう。選挙だけにかぎらず、社会的な論争において、相手に勝つためにとる手段には、色々なものがあるわけだが、詳しい説明を省いて、表面的な部分に批判を収束させるというのは、よくある手だといえる。おもしろおかしくすれば、一般受けすることもよくあることである。また、一部否定を、全否定にすりかえるというのもよくあることであろう。多くの場合、社会的論争は、複雑な問題がからみあっていることが多いのに、それを、簡単にして、しかも、おもしろおかしく描写するのは、人々の意識に働きかける上で、非常に、巧妙な、悪賢い方法だと言えるのではないだろうか。
　では、『子ども投票98』に登場した子どもたちは、ファインゴールド氏の広告について、どのように議論しただろうか。番組では、ファインゴールド氏の『高邁な道』(High Road) と題された広告が取り上げられた。
　『高邁な道』は、技術的にはしごく単純なものであった。ファインゴールド氏が、ウィスコンシンの片田舎の道を普段着で歩きながら、自分の政策の理想を語るというものである。この中で、ファインゴールド氏は、自ら「私の対立候補は、私よりずいぶんたくさん広告しているようだが、私は自ら進んで選挙資金を制限している。お金より人々を信じているからだ。私の対立候補は、州外の様々なグループから内容のわからない莫大なお金をもらって私を攻撃している。私は、大金によって人々の声がかき消されてしまわないことを自分の選挙で示したい。それは簡単なことではないが、自分は常に高邁な道を進みたい」という主張を述べている。
　この広告に対して、子どもたちは、技術的にはつたない広告だが、彼はウィ

スコンシンを代表して連邦議会に行っているのであって、合衆国の金権を代表してウィスコンシンに来ているわけではなく、広告はその点を良く示しているとか、ファインゴールド氏がニューマン氏からの攻撃に対する弁明に追われて、自分の考えを明らかにした広告をあまり作れなかったのは残念なことだとかいう、ファインゴールド氏に好意的な声があがっていた。

　そこで司会者はこれらの広告の違いが「どうして、ただの技術的な差ではないこと（つまり、広告製作費に違いがあること）がわかるのか」と子どもたちに、質問を投げかけた。すると、1人の高校生が、特別な猿のフィルムを買って字幕をつけたものを製作するのにかかる費用と、ただ道の上を歩いている男を撮るのとでは、経費の違いは明らかだと答えていた。では、ファインゴールド氏の選挙広告に対する、子どもたちの意見をまとめておこう。

・技術的にはつたない広告だが、彼はウィスコンシンを代表して連邦議会に行っているのであって、合衆国の金権を代表してウィスコンシンに来ているわけではない。
・ファインゴールド氏がニューマン氏からの攻撃に対する弁明に追われて、自分の考えを明らかにした広告をあまり作れなかったのは残念。
・特別な猿のフィルムを買って字幕をつけたものを製作するのにかかる費用と、ただ道の上を歩いている男を撮るのとでは、経費の違いは明らか。

　このようにしてみると、子どもとはいえ、メディアを批判的に理解する能力があることがわかる。もちろん、登場した全ての子どもたちのメディアを解読する能力が高いと思われたわけではないが、中には普通の大人以上にメディアを批判的に解読する能力がある、と思わせる子どもも少なくなかった。

　近年このような、メディアを理解する能力を、メディア・リテラシーと呼ぶようになってきた。さらに、批判的にメディアを理解する能力をクリティカル・メディア・リテラシー（critical media literacy）と呼ぶことができるだろう。現在、多くの国では、子どものクリティカル・メディア・リテラシーを高めるための努力がなされるようになっている。それは、私たちの日常生活

に大きな影響を及ぼすようになったマス・メディアから流される情報を、うのみにしない市民を育てることが、重要だと見なされるようになってきたからである。では、最後に、メディア・リテラシーの問題も含めて、『子ども投票98』という番組が、示唆するものを考えてみたい。

4. 『子ども投票98』の示唆するもの

　『子ども投票98』は、市民や子どもの「選挙」に関与する能力を高めるために、メディアが果すべき役割のいくつかを示唆しているように思われる。第一に、知事候補へのインタビューとその後の討論は、子どもレポーターたちが知事候補の言行の一致を重要視したことを示していた。ガーベイ氏が、自らかかげた2期という任期制限を自分も守ると述べたことが高く評価されたのと対照的に、トンプソン氏は自分が選挙資金の公開に関する法律を作ったにもかかわらず、自分は資金公開をしなかったことによって子どもたちの評判を落とした。候補者はしばしば「ウソではないウソ」をつくものだといえる。候補者の言っていることをうのみにしない態度は、子どもの頃から養う必要があり、そのためには、白黒をはっきりさせるような質問をきちんと尋ねる方法を学ばなければならないし、メディアがそのような機会を提供することも重要だといえるだろう。

　第二に、ニューマン氏とファインゴールド氏の選挙広告の比較は、多くの子どもたちがニューマン氏の『ロシアの猿』がネガティブ・アドであることを理解する能力があることを示していた。感覚の鋭い子どもに至っては、一つのイメージがどのように生産されたのかまで推測することができたのである。これは、子どもたちの潜在的なメディア・リテラシーの高さを示すものだといえるだろう。すなわち、子どもたちは、メディアが表面的に何を言っているかだけではなく、それがいかに「作られているのか」を理解する能力をもっているのであり、また、そのような能力を高めるための教育が必要だと考えられる。

　さて、では、実際に、子どもと大人の選挙結果はどうなったのだろうか。

番組の最後で発表された子ども模擬選挙では、下院選で共和党候補が五つの選挙区で勝利し、民主党候補が四つの選挙区で勝利するという結果になった。また、上院選では、ニューマン氏がファインゴールド氏に勝ち、トンプソン氏が知事に再選されるという結果となった。すなわち、子どもたちの間では、共和党が優位となったわけである。ニューマン氏の「おもしろ、おかしい」広告は、スタジオの批判力のある子どもには不評でも、一般の子どもたちには受けていたのかもしれない。また、ここでは触れなかったが、州法に銃の所持の制限付自由の条項を加えることについての住民投票でも、賛成が多数を占めていた。

　4日後に大人によって行われた実際の選挙結果は、子ども模擬選挙の結果とやや異なるものとなった。知事選では、予想どおりトンプソン氏が再選を果したものの、下院選では、共和党4に対し、民主党候補が五つの選挙区で勝利し、上院選では、ファインゴールド氏が僅差でニューマン氏を抑えて勝利したのである。現状維持（選挙前と同数）ではあるが、民主党が優位を保ったという結果になったわけである。ファインゴールド氏の理想を支持する大人は、子ども一般に比べれば、少し多かったといえるだろう。また、銃の所持の制限付自由については、賛成が反対を大幅に上回るという結果となった。

　もちろん、なぜ、スタジオでの批判的な子どもたちの意見にもかかわらず、一般の子どもによる模擬選挙で共和党が優位になったのかについて、ここで結論することは不可能である。ただし、推測としては、多くの共和党候補が選挙選のなかで中心的に取り上げた道義的価値の是非を単純に問うような問題設定、さらにネガティブ・アドは、政治的知識・情報が十分に与えられない場合には、子どもたちに極めて有効に働いたのではないかといえるのでは

ないだろうか。

　実際、この点は大人も同様で、7対3という大差で条項が認められた銃の所持の制限付自由に関する住民投票の結果は、大人も十分な情報が与えられない場合には、社会的結果を批判的に検討することなく投票してしまうということを示しているように見える。この住民投票は実は、すでに地域の自治体が条例などで銃の所持を制限しているのを、実質的に無効にしてしまうという意図をもったガン・ロビー（銃砲所有の制限に反対し、議員たちに政治圧力をかける団体）がらみの住民投票だったので、実際には、銃の所持をしやすくするという意図があったのである。おそらく、多くの人はそれに気がつかなかったために、銃の所持を制限すると思って、「イエス」にしてしまった人も多いのではないかと考えられる。

　逆にいえば、多様な情報にもとづいて、批判的にものごとを考える機会をもてば、子どもでも、大人顔負けの情報判断能力をもつことを、スタジオの子どもたちは示したといえるであろう。このような選挙公約を見抜く力や、メディアを批判的に読む力を育てるための番組は、公共の社会意識を高めるためには重要な役割を果たすことができる可能性をもっているのではないだろうか。

　最後に、クリティカル・メディア・リテラシーについて一言いっておきたい。日本では、子どものメディア・リテラシーというと、番組やあるイメージがどう作られたのかわかるかどうかという、表面的な読解力の有無のような問題に収束させてしまう傾向が見られる。本来、クリティカル・メディア・リテラシーは、そのような番組やイメージがなぜ作られたのかに加えて、その背後にどのような社会的力が働いているのかを理解することを含む概念なのである。残念なことに、日本ではメディア・リテラシーが話題になることはあっても、なかなか子どものクリティカル・メディア・リテラシーの問題へとは話が発展していかない。いわば、大人が、子どもからの批判を封じてしまっているということであろう。それは、権力をもっている大人にとって、今は、都合がよいかもしれないが、長い目で見た時には、社会にとって

利益となるかどうか疑問である。民主主義的な市民社会の基本は、批判力をもった市民である。私たちは、大人になったからといって、急に、批判精神に充ちた市民になれるというわけではない。小さいころからの教育が重要なのだといえるだろう。

　　（本章は以下の論文に加筆修正したものである。井口博充 1999「子ども・選挙・メディア：ウィスコンシン公共放送による『子ども投票'98』」『マスコミ市民』364号。）

ボキャブラリー

ネガティブ・アド、メディア・リテラシー、クリティカル・メディア・リテラシー

文献

カナダ・オンタリオ州教育省編 1992『メディア・リテラシー——マスメディアを読み解く』FCT（市民のテレビの会）訳、リベルタ出版。

シルバーブラット（Art Silverblatt）他 2001『メディア・リテラシーの方法』安田尚監訳、リベルタ出版

菅谷明子 2000『メディア・リテラシー』岩波新書。

鈴木みどり編 1997『メディア・リテラシーを学ぶ人のために』世界思想社。

渡辺武達 1995『メディア・トリックの社会学』世界思想社。

Buckingham, David［デイビッド・バッキンガム］, 1993, *Children Talking Television: The Making of Television Literacy,* London, Falmer Press.

第8章　カルチュラル・スタディーズの展開

　本章では、本書で述べてきた理論や方法を、他の研究者の行ってきた仕事との関連の中で位置付けるという作業をしたい。つまり、研究史を整理して位置付けるという作業である。筆者が、理論的に大きく依拠しているのは、近年カルチュラル・スタディーズ、日本語でいえば文化研究と呼ばれている領域で、これは主にイギリス、西欧（フランス、ドイツなど）で発達してきた歴史がある。

　ところで、本章の意図は、それぞれの研究者の理論について詳しく、網羅的に見ていくことではない。スペースの都合からも、それぞれの学者について、詳しくは紹介しきれないし、それぞれの学者についてもっと詳しく、詳細に述べた著作は他にたくさんある。例えば、ピエール・ブルデューにしても非常に多くの著作を出しているわけで、筆者自身、その全部を読んだわけではない。筆者自身の研究に必要なものだけを読んだということなのである。また、私は、フランス語、ドイツ語が特によくできるわけでもないので、オリジナルのフランス語原文で読んだわけでもない。ブルデューについての本を読んで知ったという事柄も少なくない。カルチュラル・スタディーズは英語圏を中心に広まった学問的運動なのでオリジナルのフランス語やドイツ語でなくても英語版を読んでおくことは十分に意味のあることである（以下の研究者のプロフィールの中では英語のタイトルを示しておいた）。

　とはいうものの、研究史を知るということは、研究分野の一つの地図を提供することになるので、それなりの価値があるだろう。ブルデューの仕事に精通するのも一つの知識のあり方だが、ブルデューの仕事がどのような学問的分野と関係し、そこでどのように用いられているのかということを知るのも重要である。以下で紹介するのは、メディアの社会学的研究に、それぞれ

の学者の研究が、どのように貢献したのかという、非常に限られた範囲での学説整理である。しかし、カルチュラル・スタディーズに興味をもち、研究してみようという人は、自分の研究をその伝統の中に位置付けなくてはならない。伝統を受け継ぐためにではなく、伝統を批判し、継承するために、つまり何がなされてきて、何がなされてこなかったのかを知るために、研究史を知ることが必要なのだといえる。

1. イギリスにおける文化研究の流れ

　イギリスでは、文化批判の伝統は、主に文学のなかで、発達してきたといえる。例えば、19世紀の半ばに *Culture and Anarchy*（『教養と無秩序』1869）などを書いて活躍したマシュー・アーノルド（Matthew Arnold）などがその先駆者としてあげられる。アーノルドは、偉大な文学作品こそが文化的規範であるべきだと考えていた。さらに、20世紀前半から半ばにかけて活躍したフランク・リーヴィス（Frank Raymond Leavis）は、*Culture and Environment*〔文化と環境〕（1933年）という啓蒙的なテキストを書いている。このなかでは、現在のメディア論の教科書にも出てくるような、新聞の比較をしたり、広告や大衆小説の分析をしたりして、批判的なテキストの読みを養おうとしたという点が評価される。

　ただし、リーヴィスは、軽薄な「大衆」文化を批判して、その著作を書いたので、アーノルドと同様に、偉大な文学作品こそが文化的規範であるべきだと考えていたようである。また、商業化され、アメリカ化された「大衆」文化を嫌うあまり、実際ありもしなかったような労働とレジャーが区別されない、職人が芸術家でもあるような「古きよき文化」を称賛している。むろん、このように文化を、ある種の基準にあてはまらなくてはならないものとして考える考え方は、この後、強い批判を受けることにある。しかし、このようなイギリス的な文学的文化批評の伝統は、これから紹介するホガートやウィリアムスの中に批判的に受け継がれて、その後のカルチュラル・スタディーズの発展を語る際に無視できないといえよう。

1. イギリスにおける文化研究の流れ

では、まずこれから説明するカルチュラル・スタディーズの系譜を簡単に図にしておこう。

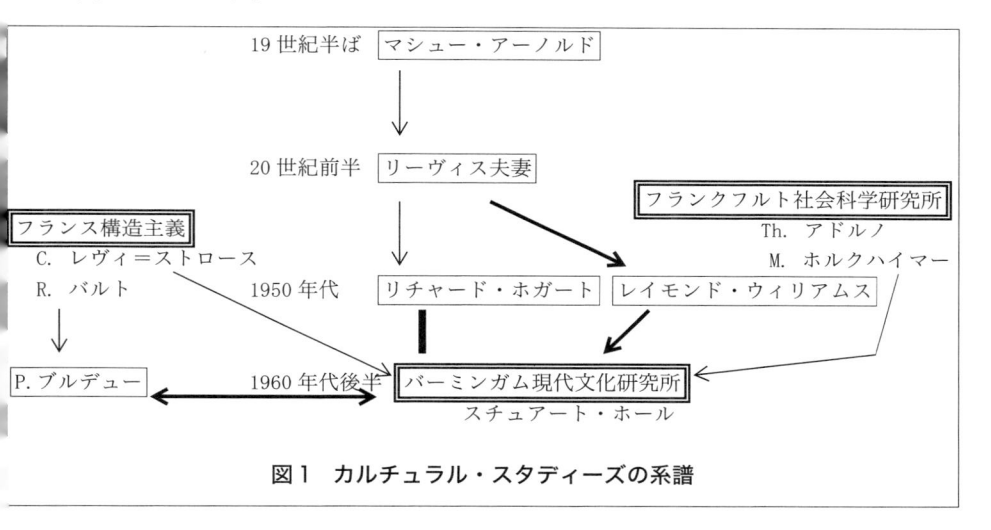

図1 カルチュラル・スタディーズの系譜

- 19世紀半ば：マシュー・アーノルド
- 20世紀前半：リーヴィス夫妻／フランクフルト社会科学研究所（Th. アドルノ、M. ホルクハイマー）
- 1950年代：リチャード・ホガート、レイモンド・ウィリアムズ
- フランス構造主義：C. レヴィ＝ストロース、R. バルト
- 1960年代後半：P. ブルデュー ←→ バーミンガム現代文化研究所（スチュアート・ホール）

では、次に、まずリチャード・ホガートについて少し詳しく述べていきたい。

リチャード・ホガート（Richard Hoggart）

リチャード・ホガートは、1918年にイングランドのリーズで労働者階級の家族に生まれた。彼のプロフィールを簡単に表に出しておこう。

表1　リチャード・ホガート（Richard Hoggart）のプロフィール

生年：1918-
出身：イングランド・リーズの労働者階級
主著：*The Uses of Literacy*（1957）香内三郎訳『読み書き能力の効用』（晶文社、1986年）
その他：成人教育、Centre for Contemporary Cultural Studies（現代文化研究所）を開設（1964）

リチャード・ホガートは、早く両親を失い、祖母に育てられた。勉強がよ

くできたため、奨学金をもらって、リーズ大学へ入学し、英文学を勉強した。第二次大戦中は従軍し、戦後はハル大学で文学と成人教育を担当し、1957年には主著である *The Uses of Literacy*（『読み書き能力の効用』）を著している。後にバーミンガム大学に移って教授となり、1964年にはスチュワート・ホールとその後のカルチュラル・スタディーズの拠点となる Centre for Contemporary Cultural Studies（現代文化研究所）を開設し、1968年まで所長を勤めた。その後は、ユネスコで奉職した。現在でも、カルチュラル・スタディーズからは、少し距離を置いているが、健在である。

　ホガートの主著である *The Uses of Lieteracy* について、紹介しておこう。この本には、基本的に二つの異なった主張があると考えられる。この本は、An Older Order（「より古い秩序」）と Yielding Place to New（「新しい態度に席をゆずる過程」）という二部構成になっている。第一部では、彼は、彼が育った1920年代、30年代のリーズの労働者階級コミュニティの生活について、自己の経験からエスノグラフィー的視点をもって細かく記述している。この彼が育った時代の労働者文化に関する記述は、彼自身が"I"を主語にして書くという主観性の強い、思い入れの深い記述となっている。第二部で彼は、このひと昔まえの労働者階級の立場から現在（1950年代後半）の商業化され、アメリカ化されたマス・メディアによって広められた大衆文化を批判するという手法を採っている。

　ホガートの用いる概念「労働者階級のアート」については、三つの特徴が指摘されている。まず第一に、それは、人民の文化で、文化産業が上から押し付けてくるものではなく、下から形成されてくるものだという点である。第二に、その文化の中には、強い女性的要素が、多く取り入れられていることに注目していることである。第三には、ホガートのこのような意味のある、楽しい文化的な営みは、それ自体の中に、それとは悪い対極になり、古きよきやり方を破壊してしまうような味気ない「現代的」文化へのきっかけ

1. イギリスにおける文化研究の流れ 149

を孕んでいるということなのである。

The Uses of Lieteracy のホガートの重要な功績は、理論的なものというより、それまで顧みられなかった労働者階級の文化を肯定的な視点から評価し直したということだといえよう。いくつかの問題点として、ホガートは、ノスタルジアを排して客観的な記述を心掛けると述べているにもかかわらず、実際は労働者たちが自ら築いた、都市文化を理想化された過去として称賛するという結果になっている。もちろん、それでも、そのような古い労働者文化の中に、他者を排除するような視点があることなども指摘していて、その文化の問題点に目をつぶっているわけではないのではあるが。

どちらかといえば、より問題があるのは第二部の商業化されたマス・メディアの影響を述べたところである。彼は、若い世代があたかも無批判的に、アメリカ化された大衆文化を受け入れ、それまでの集団主義的な労働者文化を捨て、より個人主義的な消費文化を享受するようになっているという主張を、彼自身の文学的なレトリックを使って、実際に若い世代の人々がしている文化的意味付けなどを調べて裏付けることなく行っている。

ホガートは、確かに制度的には、その後のカルチュラル・スタディーズの発展の拠点となる組織を気付いたという功績があるといえるが、むしろその理論的な柱となったのは、次に述べるレイモンド・ウィリアムスの方だといえる。

レイモンド・ウィリアムス（Raymond Williams）

ホガートと同じように、ウィリアムスは労働者階級の出身で、1921年にウェールズの寒村に、鉄道の信号手の息子として生まれた。レイモンド・ウィリアムスのプロフィールをみてみよう。彼の主な著作のいくつかは、日本語に翻訳されている。

表2　レイモンド・ウィリアムス（Raymond Williams）のプロフィール
　生年：1921-1988

出身：ウェールズの労働者階級
主著：*Culture and Society: 1780-1950*（1958）若松繁信・長谷川光昭訳『文化と社会』（ミネルヴァ書房、1968 年）
The Long Revolution（1961）若松繁信・妹尾剛光他訳『長い革命』（ミネルヴァ書房、1983 年）
The Country and the City（1973）山本和平他訳『田舎と都会』（晶文社、1985 年）
Marxism and Literature［マルクス主義と文学］（1977）
Resources of Hope［希望のための資源］（1989）
その他：成人教育、評論活動、社会運動

　レイモンド・ウィリアムスは、ケンブリッジ大学トリニティ・カレッジから奨学金を得て、文学を学んだ。ホガートと同じように第二次大戦に従軍し、同様に成人教育に関わっている（ただし、この 2 人が実際に出会ったのは、60 年代に入ってからである）。ウィリアムスは、*Politics and Letter*（『政治と文学』）誌に関わって、ガーディアンなどの新聞の文化批評も担当していた。1974 年から 1983 年までは、ケンブリッジ大学で演劇論の教授を勤めた。惜しくも 1988 年に亡くなっている。
　ウィリアムスの著作は、非常に幅の広い文化的領域をカバーしている。文学から始まって（実際ウィリアムスは、小説も書いている）、政治評論、コミュニケーションという分野で著作を残した。1958 年の *Culture and Society: 1780-1950*（『文化と社会』）に始まり、1961 年に *The Long Revolution*（『長い革命』）、1962 年に *Communications*、1973 年に *The Country and the City*（『田舎と都市』）、1974 年に *Television: Technology and Cultural Form* など多数の著作を発表している。
　ウィリアムスもホガートと同様に、過去の問題に関心をもっていた。彼の関心は、文化の広い側面に渡っていて、文芸批評、小説、教育、英語自体の変化、識字の普及、印刷技術、新聞の発達など、さらに後の著作ではテレビについても論じている。彼は、ある文化史の段階が、他より優れているといっ

て、それと現在の社会のあり方を比べるという方法は採らなかった。彼は、歴史を文化様式が形成されるプロセスとしてとらえて、文化をその時代のより広い文脈によって形成されるものとして考える文化様式のモデルを使って60年代のイギリスの状況に適用するという方法を採った。

ウィリアムスは、ある時代の文化を観察するには、その時代の structure of feeling（「感情の構造」）に立ち返ることを提案している（Williams 1977を参照）。しかし、現在時点でのある時代に関する資料というのは、常に限られたものでしかないことを指摘する。つまり、残っていく文化というのは様々な理由から社会的に選択されたものであり、残されたものからその全てを再構築することは、極めて難しいことだということなのである。例えば、現在では19世紀初頭について、人々がどのようなことを感じ、考えていたかを書かれたものから理解しようと思っても、ビラや、大衆新聞、三文小説などを含むその時代の全ての書物をみてみることは、もはや不可能である。したがって、現在に残されているものは何で、切り捨てられたものは何なのかを特定するという歴史社会的作業がいると考える。それは、すなわち長期的には、文化のある発展法則を理論化する作業でもあるといえる。

以上のような文化観をもつウィリアムスは、アーノルドやリーヴィスとは異なり、ある文化を他の文化より優れたものとして評価するということはしなかった。下品な三文小説も、社会的に「高級」だと見なされているクラシックも同じように、社会的な存在意義があるものとして扱っている。また、このような見方に立つ彼は、特に mass culture（「大衆」文化）という言葉は、避けていた。なぜなら、英語では mass とは、主体性のない群集を意味して、よい意味では使われてこなかった言葉だったからである。つまり、より上の階級の人々が下の階級の人々のことを見下げていうという意味合いがある言葉だということで、労働者階級出身のウィリアムスとしては、このような偏見の入った言葉を使うことは、彼を含む普通の労働者階級の人々を愚ろうすることだとみなしていた。

ウィリアムスは、また、コミュニケーションという言葉も気を付けて使っ

ている。彼にとって、コミュニケーションとは、支配的な送り手が一方的に情報を伝達することではなく、受け手の側が学ぶ気持ちをもつようなもの、受け手が批判的な精神をもって選択可能な、開かれた情報へのアクセスを指すものなのである。

　ウィリアムスは、マルクス主義的視点から、個人を消費者とのみみなし、利潤価値だけを重視するような現代社会の経済構造に疑問をもっていた。資本主義が発達して、本来的な意味で何が必要で利用価値があるのかを見失ってしまうことに対して、警告している。自分だけよければいいという、利己的な考えをもつ人ばかりになって、皆が税金を納めなくなれば社会システムは成り立たなくなってしまうことになる。ウィリアムスは、個人が孤立した消費者という側面だけに成り切ってしまって、コミュニティ（「地域」とか「社会」と呼ばれるもの）が無くなってしまうということを非常に心配していたのである。

　また、ウィリアムスは、様々な異なった能力や技術が生かせるようなcommon culture（「共通文化」）を築くことの必要性を強く主張していた（Williams 1989を参照）。庭師であっても、大工であっても、学問研究と同じようなレベルで見なされるべきで、物理学者も作曲家も同じように価値あるものとしてみなされるような、他人の異なった能力を認めるような共通基盤に立った文化こそが、新しいコミュニティを築いていくために必要不可欠だと考えている（ただし、この時代の限界からウィリアムスは職業とか労働とかを少し、男性中心的なものとして捉え過ぎているという批判も当てはまる）。

　以上のような、このウィリアムスの「共通文化」という概念は、既存の文化遺産を重視するのではなく、皆が参加して意味を共有し、コミュニティを築いていくその形成過程そのものが、文化であると見なす考え方だといえる。このような「共通文化」を築くために、商業的に人気があるものだけでなく、少数者によって書かれたものも含めて、様々な本が手に入るような本屋を全国各地に置いたり、自主制作の映画に資金を提供したり、人気ある商業的な映画館とともに独立系の映画館各地で運営する公共の手による文化政策を提

案している。つまり、民衆の主体的な文化的活動を積極的に振興するような文化政策を提唱していたと言える。もちろん、このように公共的な投資を増やすという文化政策は、1970年代後半からの保守党政権とは真っ向から対立するものであった。

　ウィリアムスは、カルチュラル・スタディーズの理論的先駆者だったわけで、後の論者たちに比べると理論的にまとまっていないとか、方法が曖昧であるとかいう批判を受けることも少なくないが、これはある程度やむを得ないともいえるかもしれない。例えば、上記の「共通文化」にしても理想として語るだけで、どのように実現できるのか必ずしも明確に説明しているとはいえない。また、ウィリアムスは、それ以前の論者より、はるかに広い文化、サッカーからジャズまで公平に評価しているが、ホラー映画、レイプ小説などは低く見なしているところもあって、全ての文化に対して全く公平というわけではなかった、つまり彼自身の価値観による恣意的な判断から全く自由ではなかったという批判もなされている。

　では、次に、イギリス以外でのカルチュラル・スタディーズ（必ずしもそう呼ばれてきたわけではないが）の基礎となる流れについて述べていきたい。

2. イギリス以外のカルチュラル・スタディーズの伝統

　現在、カルチュラル・スタディーズと呼ばれている領域は、イギリスのバーミンガム大学の Centre for Contemporary Cultural Studies に集まった人々によって広められたものだといえるが、イギリス以外でもそのように呼ばれてこなかったけれどもカルチュラル・スタディーズと同じような仕事をしてきた人々は少なくなかった。すなわちカルチュラル・スタディーズは、様々な理論的伝統をもった人々の仕事と結びついてきた。その一つの伝統は、1920年以降ドイツのフランクフルト社会科学研究所に集まった人々の関心と結びついている。ここでは、その代表としてフランクフルト学派の中心人物の1人であったテオドール・アドルノについて紹介したい。

テオドール・W・アドルノ（Theodor W. Adorno）

テオドール・アドルノは日本でも、良く知られている学者である。ただし、彼の著作は、難解であることで有名である。まず、彼のプロフィールを簡単に紹介しておこう。

表3　テオドール・W・アドルノ（Theodor W. Adorno）のプロフィール

生年：1903-1969
出身：フランクフルトでユダヤ人の中産階級
主著：*Dialectics of Enlightment*（1944、原著独語初出 1943）マックス・ホルクハイマーと共著、徳永恂訳『啓蒙の弁証法』（岩波書店、1990 年）
　　Prisms（1967、原著独語初出 1955）渡辺祐邦・三原弟平訳『プリズメン』（筑摩書房、1996 年）
　　The Authoritarian Personality（1950）E. Frenkel-Brunswick 他と共著、田中義久他訳『権威主義的パーナリティ』（青木書店、1980 年）
その他：作曲、フランクフルト社会科学研究所所長

テオドール・アドルノは、1903 年にフランクフルトでユダヤ系の家族に生まれた。幼少の頃から音楽を勉強して、後には作曲も手掛けている。1924 年には、フランクフルト大学で、哲学博士を得ている。その間に、ワルター・ベンヤミンやヘルベルト・マルクーゼ、マックス・ホルクハイマーらと知り合うようになり、その後、ナチズムの台頭のためにドイツを去って、イギリスを経て、合衆国に移住し、第二次大戦中、40 年代は主に合衆国で活動していた。1938 年にフランクフルト社会科学研究所が合衆国に移ってくると、そのメンバーとなり、所長を勤め、大戦後はフランクフルトに研究所を再建し、ドイツに戻り 1969 年に亡くなるまで、教授を勤めた。

アドルノには、音楽社会学や美学などの著書もあるが、より社会学的なものとしては、1943 年にホルクハイマーとの共著で出した *Dialectics of Enlightment*（『啓蒙の弁証法』）などがあげられる。さらに、ナチズムに同調

した人々の社会心理を研究した共同研究として、*The Authoritarian Personality*（『権威主義的パーソナリティ』）が、あげられる。一般的に、彼の著作は難解だとみなされているし、彼自身、斬新であるということは、人々の単純な理解を超えるということであるがゆえに、難解であるのだと主張している。

カルチュラル・スタディーズに最も関係が深いと考えられるのは、アドルノの文化産業論である。彼は、*Dialectics of Enlightment* の中の"Cultural Industry Reconsidered"（「文化産業——大衆欺瞞としての啓蒙」）という論文で、文化産業が、大衆文化を支配してしまうような状況を批判している。科学的、合理的な進歩であるはずの「啓蒙」という目標が、逆に人々を科学的、合理的支配という、非啓蒙的な結果を招いていることを指摘している。文化産業が、啓蒙という目的で発達してきた科学技術を、大衆を騙し、意識を束縛する手段として使われるという非啓蒙的な結果を招いているということなのである。

アドルノは、文化産業の売り物が、擬似的に個別化しているように見えるが、実は標準化されたものであるという点が主要な特徴であるとしている。ハリウッドの映画、例えば西部劇のようなものは、1本1本違うように見えるが、実は配役などが違うだけでストーリーとしては、同じようなものであるし、クライスラーが作っている車もGMが作っている車もあまり変わるところがないというわけなのである。人々は、文化産業に巧みに騙されて、このように実は些末な違いしかない商品に、あたかも自由選択の幅が広がり、自分のために個別化されたものを買っているかのような錯覚に陥っていると指摘している。このようにして、文化産業は、人々に、「わかっていても」買わせるように仕向けているのである。

理論的な言い方をすれば、文化がもはや「使用価値」として意味をもつというよりは、「交換価値」として意味をもつものとなったということになるだろう。つまり、コンサートの切符の価値は、そのコンサートがどれだけ楽しめるかではなく、それが誰の（どれだけ有名な演奏家の）コンサートである

のかに拠るということになるわけである。つまり、文化の消費者としての人々の選択は、「交換価値」の高低に拠るようになってきたということである。このような意味で、アドルノはマルクスの商品フェティッシュ論を一歩すすめて、文化の分析に応用したといえるだろう。

アドルノは、このように文化産業による大衆の文化の操作を批判しているが、彼自身は革新的な文化、新しいものを試してみるような文化、例えば、シェーンベルクの現代音楽やピカソの抽象画のような文化に価値を置いていたようである。彼自身の言葉で言えば、「偉大な作品は、自己否定を成し遂げる作品である」と述べている。

このような文化観に立つアドルノの現代文化批判は、エリート主義的だという批判を受けることになる。人々を、"cultural dupe"（文化的にだまされやすい人）、つまり、このような文化産業によって与えられた文化をただ受け身で享受する存在とみなしてしまうことは、民衆の日常生活を軽視していると考えられるからである。加えて、アドルノは、このような大衆について調べることなしに、例えば、「その女の子には、彼女と彼女のボーイフレンドがカッコよく見えることだけが、唯一の満足である」とかいうような人々の心理的過程まで立ち入った解釈をする場合も少なくない。このような具合で、アドルノには、実際に日常的場面で、人々がどのように文化的な意味付けをして行動しているのかを理解しようという側面に欠け、どちらかというと彼がよかれとする文化的基準を当てはめていると思われるところがあるのも事実だといえる。

アドルノの他にも、フランクフルト社会科学研究所に関係した学者の中で、ワルター・ベンヤミン（Walter Benjamin）の著作はカルチュラル・スタディーズを標榜する人々によって、重要な意味をもっている。ベンヤミンは、芸術批評をたくさん残している。カルチュラル・スタディーズに関連して、最もよく読まれている論文は、"The Work of Art in the Age of Mechanical Reproduction"（「複製技術時代の芸術作品」）（ベンヤミン 1970）というもので

ある。ユダヤ系だった彼は、残念ながら、第二次大戦中、ナチスの手によってつかまって、自殺してしまったので、アドルノほど体系だった著作は残せなかった（それでも、日本では晶文社から全15巻の著作集が出ている）。

カルチュラル・スタディーズは、また、フランスの研究者たちからも大きな影響を受けている。カルチュラル・スタディーズに関わる人々に大きな影響を与えたのは構造主義という考え方である。もちろん、構造主義は広範な思想運動で、簡単に説明し尽くせるようなものではない。構造主義は、スイスの言語学者フェルディナンド・ド・ソシュールによって提唱され、文化人類学者のクロード・レヴィ＝ストロース、精神科医のジャック・ラカン、文学者のロラン・バルト、哲学者でマルクス主義思想家のルイ・アルチュセールなどによって発展してきた。なかでも、カルチュラル・スタディーズに大きな影響を与えたのは、ロラン・バルトの「神話作用」に関する理論とルイ・アルチュセールのイデオロギーに関する理論であった。ここでは、ロラン・バルトについて少し詳しく取り上げてみよう。

ロラン・バルト（Roland Barthes）

まず、ロラン・バルト（Roland Barthes）のプロフィールをみておこう。

表4　ロラン・バルト（Roland Barthes）のプロフィール
生年：1915-1980
出身：シェルブールでプロテスタント系の中産階級
主著：*Mythologies*（1972、原著仏語初出 1957）篠沢秀夫訳『神話作用』（現代思潮社、1967年）
　S/Z（1974、原著仏語初出 1970）沢崎浩平訳『S/Z』（みすず書房、1973年）
　The Pleasure of Text（1975、原著仏語初出 1973）沢崎浩平訳『テクストの快楽』（みすず書房、1977年）
　Roland Barthes by Roland Barthes（1977、原著仏語 1975）佐藤信夫訳（『バルト自身によるバルト』（みすず書房、1979年）
その他：コレージュ・ド・フランス教授

ロラン・バルトは、1915年にシェルブールで、裕福なプロテスタントの家に生まれた。父親は、第一次世界大戦で死亡し、母親と祖父母の手によって育てられた。伯母からピアノを習うなどして、ブルジョア的な環境のなかで育てられた。1924年10歳の時に母とパリに出た。母は、製本の仕事をしてバルトを支えたという。1934年に結核となり療養していたが、35年から39年までパリ大学で、フランス語・ラテン語・ギリシャ語を学んで学位を得た。高校教員になるが、すぐに結核が再発して兵役免除、第二次大戦中はスイス大学のサナトリウムで、療養生活を送りながら研究論文を執筆した。

　戦後は、研究・教育活動を続け、1953年に *Writing Degree Zero*（『零度のエクリチュール』）を発表、1957年には *Mythologies*（『神話作用』）を発表している。1960年には、エコール・ノルマル・スーペリオール研究主任、1962年には教授、レイモン・ピカードとの文芸批評をめぐる論争で、有名になった。以後も、『エッフェル塔』（1964年）、*S/Z*（『S/Z』）（1970年）、*The Pleasure of Text*（『テクストの快楽』）（1973年）、*Roland Barthes by Roland Barthes*（『バルト自身によるバルト』）（1975年）などを次々と発表、おう盛な研究著作活動を繰り広げた。1977年には、権威あるコレージュ・ド・フランスの教授に就任したが、惜しくも1980年に交通事故で、65年の生涯を閉じた。

　バルトの考えを最もよく表した初期の作品は、『神話作用』である。この著作は、雑誌に連載されていた「今月の神話学」というシリーズをまとめた第一部と、より理論的なフェルディナンド・ド・ソシュールが「記号の科学」と呼んでいるところのもの、つまり記号学（バルトはセミオロジーと呼んでいる）を展開した第二部の「今日の神話」からなっている。第二部で、バルトは、記号論の考え方を使って、「神話」の構造についてかなり詳しく説明している。

　バルトの考えの基本を、簡単に言うと、ある記号、つまり言葉やイメージ

は、文字通りの意味をもつだけではなく、それが位置づけられる文脈の中で、言外に別の意味をもつということである。例えば、肌の色が褐色の、欧米系の白人ではない、いかにも「外国人」に見える人が、高級デパートで商品を見ながら歩いていたというイメージがあるとする。外見だけからはもちろんわからないはずなのだが、残念ながら、現在の日本社会のなかのある文脈では、このようなイメージは、簡単に「うさんくさい人」「要注意人物」を想起させるものとして受け取られる場合がありうる。

つまり、表面的には、ただ「外国人」らしき人が、デパートで商品を見ていたというイメージが、日本社会の文脈では、褐色の「外国人」イコール潜在的犯罪者という意味の連関が強いために、その「外国人」がいかにもモノを盗ろうとしているかのような意味が生まれるのである。もちろん、実際には「外国人」の犯罪が多いということは、科学的な根拠のないことである。バルトは、このような純粋な言語的意味ではなく、文化的な暗示のレベルの意味を「神話的」レベルと名付けたのである。科学的な根拠がなくとも、このような言説が容易に流通してしまうのが、「神話」の「神話」たる所以(ゆえん)なのである。

つまり、バルトの「神話」は、普通の意味での神話ではなく、いかにももっともらしく聞こえる現代社会の政治的文化的な言説のことだといえるだろう。神話は、ある集団に属する人々（この場合は普通の「日本人」）に、他に比べてより効果的に働くのである。「神話」は、自然化作用によって、それ自体が当たり前のように見えるようになることで、その効果を最もうまく発揮することができるとされている。

このような文化的な「神話」は、近年であれば、移民が失業者を増やしているだとか、同性愛の人々がエイズを蔓延させているとかいう具合に、どちらかといえば権力をもっている側（バルトは政治的右翼の側といっている）が、スケープ・ゴートを作ってその政策を正当化する働きをするとしている。そして、このような「神話」によって、事態を脱政治化して、あたかも当たり前のように既存の文化規範を維持するというのが、バルトの主張なのである。

バルトは、このような神話を見破るために、文化の批評家たちは、分析しようとする社会を外から眺めるように努め、孤独で皮肉な観察者に徹しなければならないと主張している。このようなバルトの分析は、現在振り返っても、新鮮な部分が多いが、バルトに対する批判としては、彼があまりにも伝統的な（一時代前の）マルクス主義的な社会観を前提として、「神話」を分析しようとしていることがあげられるだろう。確かに、「神話」は支配的なものかもしれないが、それが資本主義社会の引き起こす矛盾だけに還元されるものではないはずなのである。

さらに、「神話」の意味が社会的な文脈との関係で生まれるとすれば、社会が複雑になればなるほど、その「神話」が通じない人々も出てくるのではないだろうか。「神話」が通用するためには、社会が等質的である事が必要で、（特に保守的な）支配者たちは等質性を守ろうとしてきたわけだが、今やマルチ・カルチュラリズムやグローバル化の進行で、この等質性はかなり怪しくなってきているといえるだろう。そういう意味では、「神話」による支配はまだ続いてはいるとしても、その質は少しずつ変わってきているといえるのではないだろうか。バルトの見方には、このような変化をとらえる視点が欠けているようにも思われる。

3. スチュアート・ホールとバーミンガム現代文化研究所

ここまでは、1960年代までに活躍するようになった人々を中心に取り上げてきたので、以下では、1970年前後から台頭してきた人々について述べていくことにしたい。まず、カルチュラル・スタディーズを現在の姿にした、著名になった、スチュアート・ホールについて、その業績を紹介してみよう。ホールは、ジャマイカに生まれ、イギリスで研究生活をし、カルチュラル・スタディーズを世界的に広げたリーダーだといえる。

スチュアート・ホール（Stuart Hall）

少し年配の読者なら、1968年がどのような年であったのか覚えている人

も多いと思う。筆者は、1960年生まれなので、小学生だったが、近くにあった大学で、デモが頻発していたことや、「全共闘」の学生が、東大の安田講堂に立てこもって、機動隊と衝突したのをテレビで観たのを覚えている。今から、考えると、学生運動は、日本だけのことではなく、合衆国やフランスなどでも起こっていた世界的現象であった。ベトナム戦争など平和の問題をきっかけに、それまでの学問のありかたが問い直されたのだといえる。

　イギリスでは、このいわゆる「学園紛争」の影響は、合衆国や日本、フランスほどではなかったが、先に紹介した、レイモンド・ウィリアムスなどは、ベトナム反戦運動のリーダー的な存在でもあった。いずれにせよ、この1968年の事件は、それ以前のエリート主義的な学問観を改めて、人々の現実にそくした問題を学問のテーマにするべきだとする方向を指向したものだったと考えられる。

　このような学問観の変化は、当時生まれたばかりだったカルチュラル・スタディーズの目的と一致するもので、バーミンガムの現代文化研究所は、1960年代後半、70年代前半に集まった学生、研究者たちの手によって、いわば、新しい学問の先端を行く時代を築くことになっていった。その中心となったのが、1950年代後半から左翼理論誌 *New Left Review* の編集長を務めていた、ジャマイカ生まれの社会学者スチュアート・ホールである。

　ジャマイカといっても、ピンとこない人もいるかもしれないが、カリブ海にある島で、イギリスの植民地だったところである。カリブ海には、大小様々な島があるが、奴隷貿易で、アフリカ大陸からつれてこられた人々の子孫の人たちがたくさん住んでいる。ホールもいわゆる「黒人」である。ただし、これからお話するように、ホールの生まれは、どちらかと言うと、ミドルクラスであった。まず、スチュアート・ホールのプロフィールを表にしておこう。

表5　スチュアート・ホール (Stuart Hall) のプロフィール
　生年：1935-

出身：ジャマイカの中産階級
主著：*Policing the Crisis*（1978）
　　Culture, Media, Language（1980）
　　Stuart Hall: Critical Dialogues in Cultural Studies（1996）
　　『現代思想』「臨時増刊総特集ステュアート・ホール──カルチュラル・スタディーズのフロント」Vol. 26-4（1998）
その他：*New Left Review* 誌編集長、Centre for Contemporary Cultural Studies 所長

　スチュアート・ホールは、先にも述べたように、カリブ海のジャマイカ、そのころはまだイギリスの植民地だったのだが、そのジャマイカの中産階級の家に生まれた。本人いわく、家族のうちで「最も色の黒い」メンバーであった。父親は、United Fruits Company の中間管理職で、白人の上司に庇護されると同時に、プライドを奪われながら、白人文化に同化するという、植民地における典型的な生き方をした人だったようである。ホールは、幼いときからそのような生き方に疑問を感じていた。高校生のとき、ジョイス、マルクス、フロイト、さらには黒人文化や奴隷制について読んで、政治的に目覚め、ジャマイカを離れる決心をしたという。
　1951 年には、オックスフォード大学から奨学金を得て、イギリスに渡ることになる。大学では、最初は同じカリブ海からきた学生のサークルに属していたが、徐々に共産党に近づいて、左翼の将来に関する議論に参加するようになっていく。1956 年のイギリスのスエズ侵略をきっかけに生まれた、スターリン主義とイギリス帝国主義の両方に反対する、新しい左翼運動、ニューレフト運動の一翼を担うようになり、*University and Left Review* 誌を編集を手伝うことになる。*University and Left Review* 誌とは後の *New Left Review* 誌の前身である。*New Left Review* 誌は、現在でも、左翼の理論雑誌として、世界各国の読者から高い評価を得ている。
　さて、ホールは、1957 年からは、ロンドン近郊の黒人の多い地域の高校

3. スチュアート・ホールとバーミンガム現代文化研究所　163

で教え、夜は編集をするという生活をしていた。この編集の仕事を通じて、寄稿者の1人だったレイモンド・ウィリアムスとも知りあって、やがてリチャード・ホガートとウィリアムスの面会を演出することとなった。ホールは、1960年代に入るとロンドン市内の専門学校で、映画とマス・メディアに関する初めてのコースを教え始めた。1963年には、パディ・ウエンネルと最初の著作である *Popular Arts* を出している。*Popular Arts* は「民衆芸術」と訳すのが適当だろう。

　1964年には、ホガートに請われて、バーミンガムの Centre for Contemporary Cultural Studies、つまり、「現代文化研究所」に副所長として就任し、ホガートが去った後は所長に昇格して、1979年まで、研究所の隆盛期をリードした。退任後は、オープン・ユニバーシティー（イギリスの放送大学）に移って放送教育を通じて、カルチュラル・スタディーズを広めることに貢献している。

　今のところ、ホールには単著でまとまった著作はない。雑誌編集に関わっていたこと、現代文化研究所の所長を務めたことなどの経験から、非常に優秀なプロジェクトのまとめ役として、そのころのイギリスの若手（いまや中堅）の左翼系の研究者たちをもり立ててきたといえるだろう。現代文化研究所は、ホールが所長の間に非常に質の高いワーキング・ペーパーをたくさん出した。ワーキング・ペーパーというのは、紀要のようなものだが、まだ研究中のものをまとめるといった感じのあるもので、論文のまとまりはいまいちでも、新しい考え方を発表するという形式のものである。ワーキング・ペーパーがまとめられたものが、後に本として出版されたりするケースも少なくない。

　ワーキング・ペーパーがまとめられたものとして、最もよく読まれているのは、ホールらによってまとめられた *Culture, Media, Language*［文化、メディア、言語］である。1980年に出版されている。ホールの他にも、後にカルチュラル・スタディーズの中で名が知られるようになる研究者が寄稿している。この中でホール自身による encoding/decoding［エンコーディング／デ

コーディング]は、プロセス学派のコミュニケーション理論（第1章参照）を批判して、記号学派への転換を図ろうとしたもので、カルチュラル・スタディーズの初期の非常に重要な論文だといえる。ホールは、多くのメディア批評や政治評論を書いているほか、理論的には一貫してイデオロギーという問題について興味をもっており、意識の主体とアイデンティティという問題についても追及している。

　ホールは、現代的なマルクス主義的視点に立ち、文化を支配的な階級によって、権力のない人々を従属させるための、巨大な仕掛けだととらえている。特に、ホールは、よく使われている「ヘゲモニー」という概念をより洗練し、発展させた。

　ヘゲモニーについては、この本の中でも、何度か触れてきた。ヘゲモニーとは、元々は1920年代、30年代に活躍したイタリアのマルクス主義者アントニオ・グラムシが、ムッソリーニのファシズムが、なぜ多数の市民を弾圧したにもかかわらず、権力を得て政権を握っていったのかを説明するために用いた概念である。ヘゲモニー的支配の特徴は、抑圧されている側に見えないような「自然化され」常識化した支配のことなのだといえる。社会のなかで、個人を力によって押し付けるのではなく、教育や文化実践を通じて、彼らを従うことに合意させることによって、支配していこうとするものなのである。別の言葉で言えば、社会の中での不均等な権力関係を、常識のように見せることによって成り立っているといえるだろう。このようなヘゲモニー的な支配の下では、人々は抑圧的な社会体制を、当たり前のものとして受け入れさせられてしまうため、反対運動を組織することが非常に困難になってしまうというわけである。ホールは、イギリス社会という文脈の中で、このようなヘゲモニー的秩序がどのようにして保たれているのか、また人々がそれに対して小さなコミュニティのサブ・カルチャーのなかでどのような異議申し立てをしているのかを研究している。Policing the Crisis［危機を取り締まる］というプロジェクトのなかでは、政府の広報や統計、大衆的タブロイド新聞などを通じて、「強盗」（"mugger"）という犯罪を検討している。ホール

は「強盗」がある人々（黒人）のせいにされていく過程、そしてそれが1970年代前半のイギリスの「道徳的パニック」のスケープゴートとされ、警察の取り締まりの対象として仕立てられていく過程、そのメカニズムを明らかにしている。

　ホールが所長を務めていた時期の現代文化研究所からは、労働者階級の若者文化のエスノグラフィー的研究をしたポール・ウィリス、人々がどのようにテレビを観るのかについて調べたデイビッド・モーレイ、ティーンエイジの女性文化をフェミニズムの視点から研究するアンジェラ・マックロビー、人種差別と黒人文化の多様性について研究をすすめるポール・ギルロイなど多くのホールの影響を受けた中堅の研究者が輩出している。この他にも、間接的に現代文化研究所の影響を受け、カルチュラル・スタディーズの領域で仕事をしている研究者は多い。

　さて、カルチュラル・スタディーズでは、現実の分析に最も適した理論を状況に応じてつかうことが多いが、1980年以降の特に強い影響を与えてきたのが、次にあげる2人のフランス人の理論である。ミシェル・フーコーとピエール・ブルデューである。もちろん、この2人については、日本語でも非常に多くの著書が翻訳、紹介されている。ここでは、その代表的な著書について、かいつまんで解説するだけなので、興味をもった方は、ぜひ直接、彼らの著作を読んでみていただきたい。

4.　フランスの潮流

　まず、ミシェル・フーコーについて述べておきたい。

ミシェル・フーコー（Michel Foucault）

　ミシェル・フーコーは、日本でも非常に有名なので、名前だけは知っているという方も多いと思う。まず、フーコーのプロフィールを紹介しよう。

表6　ミシェル・フーコー（Michel Foucault）のプロフィール
　生年：1926-1984
　出身：ポワチエの中産階級
　主著：*Archaeology of Knowledge*（1972、原著仏語初出1969）　中村雄二郎訳『知の考古学』（河出書房新社、1995年）
　　　　Discipline and Punish（1977、原著仏語初出1975）田村俶訳『監獄の誕生』（新潮社、1977年）
　　　　The History of Sexuality（1-3、1976、原著仏語初出1976-77）渡辺守章・田村俶訳『性の歴史』（新潮社、1986-87年）
　その他：コレージュ・ド・フランス教授、ゲイ運動

　　　　　　　　　　　ミシェル・フーコーは、1926年に、フランスのポワチエで医者の息子として生まれた。カトリック系の学校に進み、1949年に権威あるエコール・ノルマル・スペリオールで哲学の学位を修めた。しかし、その後精神病理学に関心をもち、1954年に最初の本『精神疾患と心理学』を出版している。その後、スウェーデンのウプサラ大学やポーランドのワルシャワ大学などで教え、ドイツのハンブルグで狂気の歴史についての博士論文を執筆した。1960年代は、学生運動の激しかったパリ大学ヴァンセンヌ校で哲学を教え、1970年からは、コレージュ・ド・フランスで、思想史を教えていた。1970年以降、彼は徐々に政治的問題について取り組むようになって、監獄をめぐる法的な問題について発言したり、自らゲイであることを明らかにして、発言したりしていた。残念なことに、1984年にエイズで亡くなった。

　フーコーは多数の著作、さらにインタビューを残している。ここでは、彼の著作のうちでもよくまとまっている *Discipline and Punish*（『監獄の誕生』）を中心に紹介していきたい。この著作の基本的なプロジェクトは、犯罪者に対する対処の方法が、どのように変わってきたのかを歴史的に描写することにある。フーコーは、理性主義を目指した啓蒙時代、18世紀に刑罰、犯罪者の管理の仕方の変化が起こり始め、1840年頃にはだいたい収束したと考

えている。

　フーコーは、18世紀以前においては、刑罰というものは公共の場でさらしものにするもので、拷問という儀式が行われたとして、1757年の処刑のようすをグロテスクなまでに生々しく描写している。八つ裂きにするとか、火破りにするといったように、この時代の処罰が、直接肉体に対して行使されるところにその特徴があるとする。つまり、国家がその絶対的な力を、肉体に対して振っているのを見せつけることで、公共に警告するというのである。しかし、このように公共に残忍な処刑を見せつけることには、様々なパラドックスがある。処刑されゆく人が最後に自分の正当性を訴えたとき、見ている人々の共感を喚ぶかもしれないし、残忍さが見ている人々の反発を招く可能性もあるからである。

　フーコーが言うには、それから80年もしない間に、刑罰をめぐる事態はすっかり変わってしまった。処刑は、静かに確実に死ねる絞首刑やギロチンとなって、さらに、秘密裏に行われるようになった。それにもまして、囚人たちは肉体を処罰されるのではなく、医者とか心理学者、精神科医などの専門家によって、治療、矯正される存在として取り扱われるようになっていく。つまり、間違った行いをした人の精神が問題の焦点となってきたのだという。すなわち、どのような刑罰が当てはまるのかというのではなく、どうやったら間違いを犯した人を直すことができるかということが問題にされるようになってきたということなのである。

　このようになってくると、国家の役割は、囚人の全般的な生活を監視するということになるわけである。この場合、見ている国家権力の方は、常に隠れた存在で目を光らせているのであり、囚人は常に見られる存在となる。囚人は、隠れることができないのである。プライバシーや自由はない。フーコーは、啓蒙時代以降、このような「監視」による支配の原理が、監獄のみならず、社会の様々な社会組織（例えば、学校や工場）に広まって、人々は管理され自由を失ってきていると考えるのである。

　実は、ここで、フーコーが考察しているのは歴史的事実そのものではな

い。実際、フーコーの記述は、歴史的事実の記述としては、かなり不正確だという批判もある。フーコーが検討したかったのは事実そのものではなく、事実を語る言説の変化だといえる。つまり、刑罰のありかたの変化を通じて、その裏にどのようなより広範なレベルでの人間観、言い換えれば、人間の取り扱い方に関する言説の変化があったのかを考察しているといえるだろう。

さて、このように、言説から社会の変化を考えるという点は、フーコーの他の著作でも似通った部分がある。もちろん、このようなフーコーの社会の変化の視点は、マルクス主義的な社会観、歴史観に対する対案として考えられたものとしてみるのが妥当だろう。つまり、階級利害の対立が社会変動の原因であると見なす見方に対し、言説が社会現実をつくり出すのだと考えるわけである。確かにこのような視点にはそれなりの長所があるわけだが、フーコーの社会観では、言説変化の原因が何であるのかは、あまり問題とされていない。また、人間の行動が軽視されていて、ダイナミズムに欠け、平板になっているといった批判もありうるだろう。

では、次に、社会学者のピエール・ブルデューを紹介しよう。

ピエール・ブルデュー (Pierre Bourdieu)

ピエール・ブルデューも日本では非常に有名なので、名前を聞いたことがある方も多いと思う。ピエール・ブルデューは、1930 年にフランス南東部の小さな田舎町に官吏の息子として生まれた。ピエール・ブルデュー (Pierre Bourdieu) のプロフィールを見てみよう。

表7　ピエール・ブルデュー (Pierre Bourdieu) のプロフィール
　生年：1930-2002
　出身：フランス南東部の小さな町ダンガンの小ブルジョア家庭
　主著：*Reproduction*（1977、原著仏語初出 1969）宮島喬訳『再生産』（藤原書店、1991 年）

Distinction（1984、原著仏語初出 1979）石井洋二郎訳『ディスタンクシオン』1,2（藤原書店、1990 年）
Language and Symbolic Power（1991、原著仏語初出 1982）稲賀繁美訳『話すということ――言語的交換のエコノミー』（藤原書店、1993）
その他：ヨーロッパ社会学センターを主宰、コレージュ・ド・フランス教授

　ピエール・ブルデューも、ミシェル・フーコーと同様、1950 年代の初期にエコール・ノルマル・スペリオールで哲学の学位を修めている。高校（リセ）の教員となったが、1956 年に徴兵されてアルジェリアに行っている。戦後もアルジェリアに残り、1960 年までアルジェ大学で教えている。この間に、アルジェリアの状況を見聞して、最初の著作『アルジェリアの社会学』を出版した。1960 年代の初頭にパリ大学に戻り、そこで著名な構造主義的文化人類学者クロード・レヴィ＝ストロースの講義を聴いて、以後、社会学で身を立てていくことを決心したのだという。1964 年には、パリ社会科学高等研究学院の主任に就任、1968 年にはヨーロッパ社会学センターを設立、研究グループを主導、研究誌の編集にあたっている。1981 年には、コレージュ・ド・フランスの社会学の教授に就任した。

　ブルデューの場合も多作で、とても、1960 年代から現在までの著作を全部に言及しきれない。彼の著作もときとして、あまり分かりやすいとはいえない言葉で書かれている。英語で読んでも日本語で読んでもやさしいとは言えない。

　今までのブルデューの著作で、一番よく読まれているものは、おそらく*Distinction*（『ディスタンクシオン』）だろう。なかなか、細かい記述の多い、ぶ厚い本である。これは、1960 年代に行われた、人々の趣味・嗜好に関する調査をもとにした、著作である。彼は、ここで、人々のライフ・スタイルと階級的な位置の関係を分析している。ブルデューは、マルクスの考えを発展させて文化を資本だとみなしている。エコノミック・キャピタルに対する、

カルチュラル・キャピタルという有名な概念を普及させることとなった。

　もちろん、経済的な資本は社会の中心的な力だが、文化的資本は、経済資本と相まって働き、人々の人生における機会を左右することとなる。普通は、経済的資本もあると、文化的資本もあることが多いのだが、例えば先に登場したリチャード・ホガートなどは、親を早く亡くし、経済的に貧困な家庭で育ったわけだが、文化的資本を得ることにより大学の英文学の教授になったのである。かつかつで食べている大学院生もいれば、15歳でドロップ・アウトしても実業家で成功している人もいるということなのだ。

　ブルデューは、ラテン語の「ハビトゥス」という言葉をもちいて、人々には生まれ育った家庭のなかで身に付けた習慣があり、さらに個人が教育、職場や他の社会環境の中で生きていくうちに、それが修正されていくのだとしている。前者を一次的ハビトゥス、後者を二次的ハビトゥスと呼んでいる。ハビトゥスは、私たちが育つ中で、経験的に環境の中で身に付ける、世界を理解し、社会に対応していく方法、身のこなしかた、感覚だといってもいいだろう。

　ブルデューの研究では、ハビトゥスは、分類のシステムを提供することになる。彼は、特定の美的な「ライフスタイル」の選択、あるいは嗜好を階級的な位置と結びつけている。ハビトゥスを通じて、資本の分布は、認識可能な特質や慣習へと変換されることになる。

　ブルデューは、ハビトゥスについて実に細かい分布表を作っている。高い文化的な資本をもっているが、低い経済的資本しかもっていない高等教育の教師は、チェスを好み、ル・モンドという進歩的新聞を読み、セーヌ川左岸の美術館、中華料理、アンディ・ウォーホールを好むという傾向をもち、逆に、高い経済的資本をもっているが、低い文化的資本しかもっていない民間セクターの経営者は、自動車クラブ、仕事の食事、貿易フェアー、ウォーター・スキーを好み、フィガロという保守的新聞を読む傾向があるという具合である。ちなみに両方の資本を備えていない人々は、パンやパスタ、じゃがいも、サッカー、公衆ダンスを好む傾向があるという。本当にそうかな、と疑問に

思う人もいるだろう。しかし、ここで、彼が言っているのは、「傾向」にある、ということで、だれでもがそうだと言っているわけではない。

ハビトゥスについて、さらに重要なことは、下の階級にいる人は、その人なりの生活様式が快適だと思うようになって、必ずしも他の階級の生活様式を望みはしないということなのである。例えば、労働者階級の人が中産階級のやり方で食事をするとすると、かしこまっていて、温かみがないとか感じてしまうということもある。だから、ハビトゥスと、それが決めている嗜好は、社会の隔たり、ヒエラルキーを強化して、正当化しているのだといえるだろう。もちろん、社会移動を経験して、いろいろな階級の生活を体験した人には、このような構造がよく見え、ばかばかしくも感じることもあるかもしれない。

もし、このようなブルデューの見方に批判があるとすれば、この見方は、非常に静的、つまり社会の変化が起こりえないような見方だということだといえる。ハビトゥスという概念は、社会がどのようにしてある社会階級の構造が維持するのかをよく説明するが、社会がどのように変化するのかは、説明しない。そういう意味では、あまり歴史的な変化を捉えるのに適当な見方ではないといえるかもしれない。さらに、文化を資本としてみることは、意味のある試みだが、当然のことながら一つひとつの文化的作品は、特定の人々の資本となるために創造されたわけではない。一つの階級の位置だけには還元されない、より広い支持者をもつ文化・芸術作品もありうるだろう。また、よりマス・メディアが高度に発達した、グローバル化の進んだ現代社会では人々の趣味や嗜好がより均一になってくる側面もあるのではないだろうか。

5. 大西洋を渡った文化研究

カルチュラル・スタディーズを名乗る研究者は、現代文化研究所に属していた研究者だけではない。海を渡った、合衆国やオーストラリアなどでも徐々にカルチュラル・スタディーズを志向する研究者は増えてきている。ここでは、まずオーストラリアと合衆国にカルチュラル・スタディーズを伝えた先

駆者の1人であるジョン・フィスクについて話しておこう。

ジョン・フィスク（John Fiske）

　ジョン・フィスクは、1938年にイギリスに生まれている。ケンブリッジ大学で、レイモンド・ウィリアムスについて勉強した。オーストラリアに渡って、カートン大学（Curtin University）などで教えた後、合衆国のウィスコンシン大学でコミュニケーション論の教授となった。彼は、1980年代にMethuen（後にRoutledge）から *Studies in Communication* というシリーズを出すに当たって、シリーズ・エディターとなった。このシリーズは、フィスク自身の書いた *Introduction to Communication Studies* に代表されるように、カルチュラル・スタディーズの基本となる概念を上手に紹介しており、入門教科書として広く用いられている。

　フィスクの得意とする分野はテレビ文化の分析で、特に大衆的に人気がある番組やタレント（例えばマドンナ）に注目している。彼は、読みの多様性（ポリゼミー）を強調し、その現象がもつ解放的な可能性に注目する（フィスク1998を参照）。例えば、マドンナになぜ女性ファンが少なくないかといえば、彼女は自分のセクシャリティを武器に、男性におもねることなく生きており、そのような生き方に共感を覚える部分があるからだと解釈するのである。もちろん、彼のこのような解釈には、あまりに楽観的すぎるのではないかという批判もないわけではない。しかし、フィスクなどがわかりやすいかたちで、カルチュラル・スタディーズの基本概念を伝えたことにより、合衆国でもカルチュラル・スタディーズを目指す研究者が増えてきたといえる。フィスクの他にも、ハーゼル・カービー、コビナ・マーサー、ホミ・バーバなどイギリスでカルチュラル・スタディーズを学んでいた研究者が合衆国に渡っ

てきている。

　最後に、以上の研究者紹介で深く述べられなかったことについて簡単に触れておきたいと思う。まず、第一にカルチュラル・スタディーズとマルクス主義との関係である。カルチュラル・スタディーズは、従来のマルクス主義のように階級中心、経済関係のみを権力関係の基本と考えるような見方は否定している。それでも、権力関係の分析は重要な一部だし、権力がどのように行使されるのかは、重要な考察の対象である。特に、グラムシの「ヘゲモニー」論やアルチュセールのイデオロギー理論は、カルチュラル・スタディーズの理論的なベースとなっている。

　第二に、1970年代半ばからカルチュラル・スタディーズは、常にフェミニズムからの挑戦を受けてきた。現代文化研究所にも多くのフェミニストが参加し、従来の男性中心の学問を批判してきた。特に、言語、言説とアイデンティティなどの概念は、フェミニストによってより理論的により洗練したものになったといえる。

　第三に、人種・民族の問題は、一つの大きな課題となってきた。ホールが黒人だったということもあるかもしれないが、ワーキング・ペーパーを本にしたものの1冊 *The Empire Strikes Back*［帝国の逆襲］（Centre for Contemporary Cultural Studies 1982）は、人種問題に当てられているし、ハーゼル・カービーやポール・ギルロイなど黒人の研究者を生んできている。そういう意味では、ここでは取り上げなかった、C. R. L. ジェームス［トリニダード出身の思想家、主著『ブラック・ジャコバン』（ジェームス1991）他］やフランツ・ファノン［マルチニック出身の精神科医で、後にアルジェリア独立戦争に参加、主著『地に呪われたる者』（ファノン1969）他］などの黒人の思想家をカルチュラル・スタディーズの源流の一つだとみなすこともできる。

　本章で、カルチュラル・スタディーズを中心にした研究史について述べてきた。参考文献としてあげた全ての本を、一度に読むことは、とてもできないだろうが、興味をもったものから読んでみてほしい。しかし、カルチュラ

ル・スタディーズで何よりも大事なことは、自分で文化を分析してみることだといえる。次は、あなたがこの研究史に加わる番である。

文　献

アーノルド、マシュー（Matthew Arnold）1965『教養と無秩序』多田英次訳、岩波書店。

ベンヤミン、ヴァルター（Walter Benjamin）1970『ベンヤミン著作集 2　複製技術時代の芸術』佐々木基一編集・解説、晶文社。

ファノン、フランツ（Frantz Fanon）1969『地に呪われたる者』鈴木道彦・浦野依子訳、みすず書房。

フィスク、ジョン（John Fiske）1998『抵抗の快楽　ポピュラーカルチャーの記号論』山本雄二訳、世界思想社。

イングリス、フレッド（Fred Inglis）1992『メディアの理論——情報化社会を生きるために』伊藤誓・磯山甚一訳、法政大学出版会（第2刷）。

ジェイムズ、C. R. L.（C. R. L. James）1991『ブラックジャコバン——トゥサン＝ルヴェルチュールとハイチ革命』青木芳夫監訳、大村書店。

ターナー、グレアム（Graeme Turner）1999『カルチュラル・スタディーズ入門——理論と英国での発展』溝上由起・毛利嘉孝他訳、作品社。

上野俊哉・毛利嘉孝 2000『カルチュラル・スタディーズ入門』筑摩書房。

Brooker, Will ［ウィル・ブルッカー］, 1998, *Teach Youself Cultural Studies*, Lincolnwood, NTC Publishing Group.

Centre for Contemporary Cultural Studies ［バーミンガム現代文化研究所］(ed.), 1982, *The Empire Strikes Back: Race and Racism in 70s Britain,* Hutchinson.

人名索引

ア行
アドルノ、テオドール　147,153-156
アーノルド、マシュー　146,147,151
アルチュセール、ルイ　35,157,173
家永三郎　32,33
ウィリアムス、レイモンド　36,38,39,146,149-153,163
ウィリス、ポール　165
オー、ジョニー　110

カ行
カービー、ハーゼル　172,173
ガーベイ、エド　133,134,141
ギルロイ、ポール　165,173
グラムシ、アントニオ　37,173
ゴールドウーマン、スー　107,109

サ行
ジェームス、C. R. L.　173
ストックウェル、ノーマン　103,104,113
ソシュール、フェルディナンド・ド　157,158

タ行
デュルケム、エミール　17,18
トンプソン、トミー　135,136,141,142

ナ行
ニューマン、マーク　137-142

ハ行
バーバ、ホミ　172

バフチン、ミハイル　36
バルト、ロラン　147,157-160
ファインゴールド、ラス　137-142
ファノン、フランツ　173
ファルウェル、ジェリー　122,124
フィスク、ジョン　7,172
プーサン、アルビン　120-122
ブルデュー、ピエール　145,165,168-171
ブロック、ボニー　90
ベンヤミン、ワルター　154,156
ホガート、リチャード　146-150,163,170
ホール、スチュアート　147,160-164,173
ホルクハイマー、マックス　147,154

マ行
マーサー、コビナ　172
マックロビー、アンジェラ　165
マドンナ　172
ミヤサキ、ジャン　111,112
モーレイ、デイビッド　165

ラ行
ラカン、ジャック　157
リーヴィス、フランク　146,147,151
リン、スーザン　120-122
レヴィ＝ストロース、クロード　147,157,169
レーニン　36
レノ、ジェイ　124

■著者紹介
井口 博充（いのくち　ひろみつ）
　1960 年　東京都生まれ
　1983 年　上智大学文学部社会学科卒業
　1986 年　上智大学大学院修士号取得（社会学）
　1993 年　東京都立大学大学院博士課程修了（教育学）
　1997 年　Ph. D. 取得（Educational Policy Studies, University of Wisconsin-Madison）
　現在　東亜大学総合人間・文化学部助教授
　専攻：教育社会学・コミュニケーション論

Sociology of Information, Media and Education
— Cultural Studies Perspectives —
by INOKUCHI Hiromitsu

情報・メディア・教育の社会学──カルチュラル・スタディーズしてみませんか？

2003 年 10 月 20 日　　初　版　第 1 刷発行　　　　　　　　〔検印省略〕

＊定価はカバーに表示してあります

著者 © 井口博充	発行者　下田勝司	印刷・製本　中央精版印刷

東京都文京区向丘 1-20-6　郵便振替 00110-6-37828
〒 113-0023　TEL (03)3818-5521㈹　FAX (03)3818-5514
　　　　　　　E-Mail tk203444@fsinet.or.jp

発行所　株式会社　東信堂

Published by TOSHINDO PUBLISHING CO., LTD.
1-20-6, Mukougaoka, Bunkyo-ku, Tokyo, 113-0023, Japan

ISBN4-88713-498-3 C1036　Copyright © 2003 by INOKUCHI Hiromitsu

― 東信堂 ―

〔シリーズ 世界の社会学・日本の社会学 全50巻〕

中野秀一郎	タルコット・パーソンズ――最後の近代主義者	一八〇〇円
居安 正	ゲオルク・ジンメル――現代分化社会における個人と社会	一八〇〇円
船津 衛	ジョージ・H・ミード――社会的自我論の展開	一八〇〇円
杉山光信	アラン・トゥーレーヌ――現代社会のゆくえと新しい社会運動	一八〇〇円
森 元孝	アルフレッド・シュッツ――主観的時間と社会的空間	一八〇〇円
中島道男	エミール・デュルケム――社会の道徳的再建と社会学	一八〇〇円
岩城完之	レイモン・アロン――危機の時代の透徹した警世思想家	一八〇〇円
藤田弘夫	奥井復太郎――都市社会学と生活論の創始者	一八〇〇円
山本鎭雄	新明正道――綜合社会学の探究	一八〇〇円
中久郎	米田庄太郎――新総合社会学の先駆者	一八〇〇円
北島 滋	高田保馬――理論と政策の無媒介的合一	一八〇〇円
長谷敏夫	日本の環境保護運動	二五〇〇円
武川正吾・山田信行編	現代社会学における歴史と批判〔上巻〕――グローバル化の社会学	二八〇〇円
丹辺宣彦編	現代社会学における歴史と批判〔下巻〕――近代資本制と主体性	二八〇〇円
片桐新自編		
橋本健二	現代日本の階級構造――理論・方法・計量・分析	四三〇〇円
中島明子	イギリスにおける住居管理――オクタヴィア・ヒルからサッチャーへ	七四五三円
簑葉信弘	BBCイギリス放送協会(第二版)――パブリック・サービス放送の伝統	二五〇〇円
中野 卓	〔中野 卓著作集 生活史シリーズ〕1 生活史の研究	二五〇〇円
日本社会学会編	〔研究誌・学会誌〕日本労働社会学会年報4〜13	二九一三〜三三〇〇円
社会政策学会編	労働社会学研究1〜3	各一八〇〇円
「社会政策研究」編集委員会編	社会政策研究1〜3	二三三八〜二三八一円
コミュニティ政策学会・研究フォーラム編	コミュニティ政策1	一五〇〇円

〒113-0023 東京都文京区向丘1－20－6 ☎03(3818)5521 FAX 03(3818)5514 振替 00110-6-37828
E-mail:tk203444@fsinet.or.jp

※税別価格で表示してあります。